MOBI LINEA

DESIGN DE UM ESTILO DE VIDA (1959-1975)

Dados Internacionais de Catalogação na Publicação (CIP)
(Jeane Passos de Souza – CRB 8ª/6189)

Hugerth, Mina Warchavchik
   Mobilinea: design de um estilo de vida (1959-1975) / Mina
Warchavchik Hugerth. – São Paulo: Editora Senac São Paulo, 2018.

   Bibliografia.
   ISBN 978-85-396-2306-8 (impresso/2018)
   e-ISBN 978-85-396-2315-0 (ePub/2018)
   e-ISBN 978-85-396-2316-7 (PDF/2018)

   1. Mobiliário brasileiro : História   2. Mobiliário moderno brasileiro
3. Design de móveis   4. Designers de móveis   I. Título.

18-803s   CDD - 749.0981
                                                       749.2
                                         BISAC DES006000
                                                 HOM008000

Índices para catálogo sistemático:
1. Mobiliário brasileiro   749.0981
2. Designers de móveis   749.2

MINA WARCHAVCHIK HUGERTH

MOBI LINEA

DESIGN DE UM ESTILO DE VIDA (1959-1975)

EDITORA SENAC SÃO PAULO – SÃO PAULO – 2018

ADMINISTRAÇÃO REGIONAL DO SENAC NO ESTADO DE SÃO PAULO
Presidente do Conselho Regional: Abram Szajman
Diretor do Departamento Regional: Luiz Francisco de A. Salgado
Superintendente Universitário e de Desenvolvimento: Luiz Carlos Dourado

EDITORA SENAC SÃO PAULO
Conselho Editorial: Luiz Francisco de A. Salgado
Luiz Carlos Dourado
Darcio Sayad Maia
Lucila Mara Sbrana Sciotti
Jeane Passos de Souza
Gerente/Publisher: Jeane Passos de Souza (jpassos@sp.senac.br)
Coordenação Editorial/Prospecção: Luís Américo Tousi Botelho (luis.tbotelho@sp.senac.br)
Márcia Cavalheiro R. de Almeida (mcavalhe@sp.senac.br)
Administrativo: João Almeida Santos (joao.santos@sp.senac.br)
Comercial: Marcos Telmo da Costa (mtcosta@sp.senac.br)

Edição e Preparação de Texto: Adalberto Luís de Oliveira
Coordenação de Revisão: Luiza Elena Luchini
Revisão de Texto: Sandra Regina Fernandes
Projeto Gráfico, Editoração Eletrônica e Capa: Manuela Ribeiro
Impressão e Acabamento: Finaliza Editora e Indústria Gráfica Ltda.

Proibida a reprodução sem autorização expressa.
Todos os direitos desta edição reservados à
Editora Senac São Paulo
Rua 24 de Maio, 208 – 3º andar – Centro – CEP 01041-000
Caixa Postal 1120 – CEP 01032-970 – São Paulo – SP
Tel. (11) 2187-4450 – Fax (11) 2187-4486
E-mail: editora@sp.senac.br
Home page: http://www.editorasenacsp.com.br
© Editora Senac São Paulo, 2018

SUMÁRIO

NOTA DO EDITOR, 7

PREFÁCIO, 9
(José Tavares Correia de Lira)

APRESENTAÇÃO, 13
(Marcos da Costa Braga)

INTRODUÇÃO, 15

DESIGN E DESIGNERS, 23
Rumos do móvel moderno no Brasil, 24
A Mobilinea de Ernesto e Georgia Hauner, 50
Circuitos e confluências nos anos 1960 e 1970, 69

DESIGN À VENDA, 83
O desenvolvimento dos móveis, 84
As lojas e a comercialização de ideias, 113
Das parcerias à Home Store, 142

DESIGN EDITADO, 177
O discurso na mídia impressa, 178
Domesticidades modernas, 200
A mulher Mobilinea, 223

CONSIDERAÇÕES FINAIS, 241

BIBLIOGRAFIA, 247

SOBRE A AUTORA, 257

ÍNDICE ONOMÁSTICO, 259

CRÉDITOS, 263

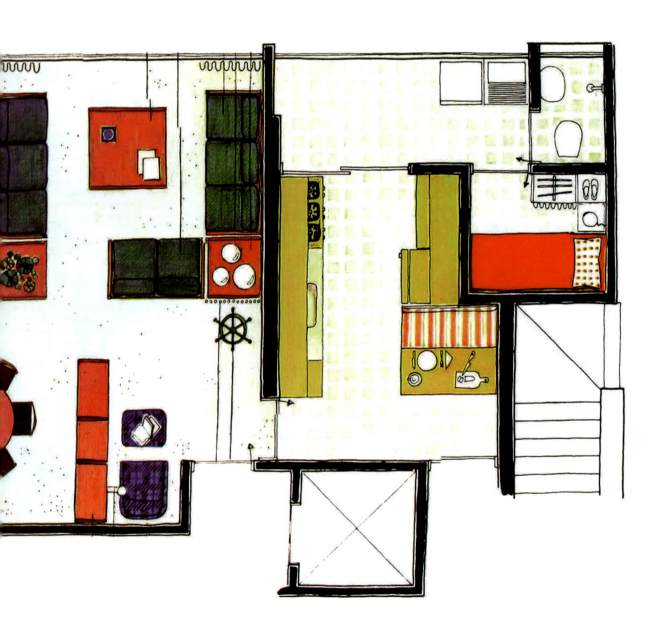

NOTA DO EDITOR

A abordagem de um período histórico social brasileiro – início da década de 1960 a 1975 – por meio das atividades de uma empresa de móveis como a Mobilinea favorece de forma muito prática e visual a compreensão não só do gosto de uma classe média em ascensão e de uma pretendida estrutura familiar, mas também do que era ser uma pessoa moderna, ou, melhor ainda, do que era ser uma mulher moderna no contexto dos anos sessenta.

Esse olhar retrospectivo de Mina Warchavchik Hugerth nos coloca diante de uma concepção sensível que considera possível e desejável a convivência do popular com o artístico, e que o bom gosto pode estar ao lado do funcional, refletindo mesmo as desconstruções propostas pelos pensamentos de vanguarda daquele período.

A empresa não só produzia móveis modernos e acessíveis à classe média, mas buscava, por meio de suas propagandas, inspirar esse moderno no âmbito do feminino, num período de grandes transformações sociais, com as mulheres reivindicando maior independência e liberdade, principalmente sexual.

Importante salientar que os registros aqui apresentados não possuem, em sua maioria, uma ótima definição, uma vez que foram feitos a partir de originais antigos. Mesmo assim permitem vislumbrar a concepção do que era ser moderno no contexto social de atuação da Mobilinea.

Lançamento do Senac São Paulo, *Mobilinea: design de um estilo de vida (1959-1975)* é destinado não só a estudiosos do design do móvel brasileiro mas também aos interessados pelo desenvolvimento da nossa sociedade numa época realmente efervescente.

PREFÁCIO

A história do design é ramo ainda jovem da história da arte. Suas particularidades derivam da própria natureza do objeto, cuja história, à maneira da arquitetura, reenvia à história das artes decorativas, dos ofícios e das técnicas. Sua afirmação como domínio específico de conhecimentos vem se consolidando rapidamente e produzindo uma literatura abundante e variada. Fato é que desde a publicação de *Pioneers of modern design*, de Pevsner, em 1936, ou de *Mechanization takes command*, de Giedion, em 1948, o estudo das relações entre arte, arquitetura e indústria não somente permitiu o reconhecimento social e ontológico do design na compreensão do mundo moderno, mas vem estimulando um esforço de recuperação de sua gênese peculiar.

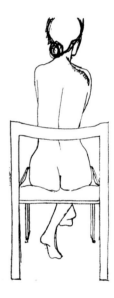

Em países como o Brasil, de industrialização tardia e estrutura artesanal truncada, a produção em história do design é ainda pouco numerosa e, salvo honrosas exceções, começou a ganhar consistência e regularidade apenas nos anos 2000. Temos, portanto, muito a celebrar em cada nova realização nesse terreno. Não somente em função das inúmeras lacunas existentes, mas pelo adensamento que possam representar para esse campo de estudos. Até mesmo em suas rupturas com a influente tradição antiquarial, celebratória ou meramente ilustrativa, com a emergência de novas perspectivas de análise, mais próximas dos estudos de cultura material, museais ou patrimoniais, da história do trabalho, da indústria e dos negócios, dos estudos do cotidiano, do ambiente, de gênero e performance, ou em etnografia e ecologia dos objetos.

O livro de Mina Warchavchik Hugerth, *Mobilinea: design de um estilo de vida (1959-1975)*, é um desses trabalhos que se notabilizam por sua atualidade historiográfica. Com base em ampla pesquisa bibliográfica e documental – incluindo os próprios móveis, registros projetuais, catálogos de produtos, fotografias, documentos empresariais, editoriais, periódicos, entrevistas, etc. – o trabalho desafia as análises convencionais em pelo menos três sentidos. Em primeiro lugar porque não se contenta em preencher uma lacuna histórica, por certo inadmissível, nem em inventariar a proposta de mobiliário, por mais fascinante que ela seja. Mas porque constitui um esforço admirável de reorientação da análise, ao avançar com desenvoltura na reinserção dessas peças na escala de produção e no circuito comercial a que pertencem, elucidando as mediações estruturais entre designers, fabricantes, comerciantes e consumidores. Em segundo lugar porque, ao percorrer a aposta do design, seja na produção e no consumo de massas, seja no mercado de bens simbólicos, a autora nos desvela o sentido dos artefatos como suportes de representações imagéticas, narrativas, publicitárias ou cenográficas, e como marcadores variados de identidade, de classe, de gênero, de sexualidade, de idade ou de gosto. Finalmente porque, ao problematizá-los como parte de toda uma cosmologia da vida moderna, o livro nos alerta para caminhos ainda pouco percorridos no terreno da nova ontologia materialista, ou dos *object-oriented studies*, acerca da agência dos objetos sobre a experiência socioespacial e cultural, de seu lugar no mundo das necessidades, dos desejos e prazeres dos usuários, de suas práticas de modelagem subjetiva, senão da reversibilidade entre eles, usuários, e seus objetos.

É talvez nesse sentido preciso que o livro nos reconduz à natureza mesma dos objetos industriais. De fato, ao implodir a síntese aparente das peças como objetos separados, à procura de suas conexões com processos intelectuais, estéticos, econômico-políticos e simbólicos, a pesquisa tangencia o dilema constitutivo do design: a crise do objeto reprodutível como valor, isto é, da possibilidade de equacionar valor artístico, valor de uso e valor de troca. E não apenas do ponto de vista do acordo entre máximos de qualidade e máximos de quantidade, valores de objeto único e valores de objeto acessível, mas do ponto de vista das formas de consumo e experiência das coisas de que nos servimos e dos efeitos que elas têm sobre nós, antes mesmo de serem usadas. Era disso que tratava Argan quando associou essa crise do design a uma crise mais global, epistemológica e societária, da história como esquema da vida projetada, isto é, como horizonte de finalidades humanas, como realidade a ser aperfeiçoada, como possibilidade de ampliação do conhecimento. Pois o que já em sua análise do design estava em jogo era o equilíbrio entre sujeitos e objetos na modernidade ocidental, a simetria entre um mundo capaz de se autoprojetar e uma sociedade programada por grupos alheios a ela, senão programada pelas próprias coisas nela produzidas.

Ainda que inintencionalmente, é possível flagrar alguns contornos desse dilema básico do design no modo sofisticado como Hugerth inscreve as realizações da Mobilinea e as trajetórias de seus protagonistas tanto naqueles anos decisivos de institucionalização do campo quanto em meio às primeiras ondas de inquietação acerca das virtualidades democráticas da produção em massa, em pleno processo de industrialização de São Paulo. Transitando, assim, por dentro e por fora do campo disciplinar; em seus elos com as realizações contemporâneas na produção de móveis autorais e com as estruturas de mercado correspondentes; em seus paralelos com os desenvolvimentos na cultura metropolitana, na arquitetura de interiores e nos modos de apropriação dos objetos projetados, a reconstrução histórica ensaiada pela autora reverbera crítica e produtivamente tanto na história como nos rumos contemporâneos do design, contrariando suas tendências mais pragmáticas, anti-intelectualistas e anti-históricas.

José Tavares Correia de Lira
Professor titular da FAU-USP, autor de *Warchavchik, fraturas da vanguarda* (2011) e
O visível e o invisível na arquitetura brasileira (2017).

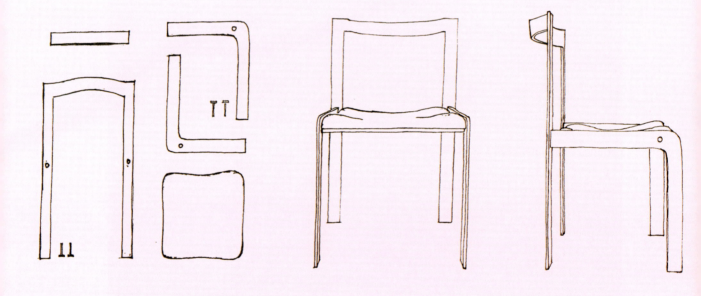

APRESENTAÇÃO

A pesquisa sobre a história do design no Brasil vem crescendo e se consolidando desde os anos 1990, com especial destaque para os trabalhos sobre o design do móvel moderno. O campo do mobiliário possui uma importância histórica por ser o setor produtivo no qual emergiu pioneiramente a atividade do design de produto no país pelas mãos de arquitetos, artistas e artesãos no início do século XX.

O móvel moderno brasileiro participou da conquista da arquitetura moderna por espaços e da expansão da modernidade em lares e ambientes de trabalho. Vários livros nos últimos anos trataram de histórias dessa expansão principalmente sobre a passagem da produção artesanal para a industrial, nas décadas de 1950 e 1960, de empresas lideradas por designers renomados como Michel Arnoult e Jorge Zalszupin. Nesse contexto, houve uma grande contribuição de imigrantes que trouxeram para o país conhecimento técnico e uma grande vontade para empreendimentos. Entre eles estava a empresa Mobilinea, que em sua trajetória de 1959 a 1975, sob a liderança da família Hauner, desempenhou um papel importante no aperfeiçoamento técnico e nas estratégias de vendas do móvel moderno e na difusão de estilos de vida modernos para a classe média brasileira.

A história dos projetos e das empresas dos Hauner é pouca conhecida, incluindo a participação do reconhecido designer de móveis Sérgio Rodrigues no início da sua carreira. O trabalho de Mina Warchavchik Hugerth, fruto de uma pesquisa de mestrado na FAU-USP, contribui para o enriquecimento da história do design no Brasil com o justo resgate da Mobilinea, colocando-a entre as principais empresas que ajudaram a consolidação do móvel moderno, ao lado de outros nomes consagrados pela historiografia como Oca, Cimo, Mobília Contemporânea, Unilabor e Hobjeto.

Marcos da Costa Braga
Designer, doutor em história social, autor e organizador de várias
publicações sobre história do design no Brasil e professor da FAU-USP.

INTRODUÇÃO

A empresa de móveis Mobilinea foi fundada pelo imigrante italiano Ernesto Hauner (1931-2002), que chegou ao Brasil em 1949 e logo começou a trabalhar com design de mobiliário ao lado de figuras como Lina Bo Bardi, Sérgio Rodrigues, Martin Eisler e Carlo Hauner, seu irmão mais velho. Iniciou o próprio negócio, em 1959, com uma pequena fábrica em São Paulo para produzir estantes modulares em madeira maciça, e abriu a primeira loja em 1962, concomitantemente à entrada do engenheiro inglês John Manoel de Souza (1930-2016) como sócio e responsável pela gestão administrativa da empresa. Os desenhos de Ernesto exploravam as possibilidades e os usos de novos materiais que a indústria brasileira começava a produzir, adequando seus projetos para fabricação em escala e desenvolvendo linhas de móveis completas para casa e escritório. Foi pioneiro no uso de pintura em cores chamativas, além de criar peças em aço, fiberglass e acrílico, com projetos reconhecidos pelo Prêmio Roberto Simonsen e nas Bienais Internacionais de Design do Rio de Janeiro, firmando assim seu nome entre os designers mais importantes de sua geração no Brasil.

Os móveis da Mobilinea, em especial os de uso doméstico, dirigiam-se às classes médias que ascendiam nos centros urbanos economicamente mais dinâmicos do país, e a empresa guiava-se por uma perspectiva de atingir o maior público possível, como se verifica em suas propostas de peças componíveis, em vendas parceladas e mesmo na criação de um crediário próprio. Consideravam, entretanto, que não era suficiente um móvel ser acessível economicamente, pois também era necessário que fosse compreendido e desejado. Nesse sentido, para além do design de móveis *strictu sensu*, a Mobilinea investiria em elaborados espaços comerciais, propagandas, catálogos e editoriais que visavam promover as peças em cenários que entendiam a casa moderna como um lugar descontraído e pessoal, onde objetos artesanais e peças de arte complementavam e se contrapunham aos móveis industrialmente produzidos.

Georgia Hauner (1931-), imigrante croata e esposa de Ernesto, foi figura central nesse âmbito da produção da Mobilinea: responsabilizou-se pelo planejamento e realização das lojas e fotografias de divulgação da empresa, desenvolvendo, curando e dispondo os artigos, revestimentos e acabamentos que compunham os ambientes propostos por ela, muitos dos quais pretendiam reagir às transformações nos estilos de vida, nas relações familiares e de gênero do período em uma escala mais ampliada. Em 1968, foi convidada pela Editora Abril para tornar-se editora de decoração das revistas femininas *Claudia*, o que, além de ter sido um reconhecimento por seu trabalho na Mobilinea, representou a possibilidade de estabelecer-se como uma profissional independente, afirmando-se a partir de suas próprias criações e habilidades. Atuando na empresa e junto à editora, Georgia desenvolveu técnicas para expor e promover o design nacional, elaborando imagens simultaneamente conceituais e comerciais, com apelo à informalidade do cotidiano, aos padrões de conforto das novas classes médias urbanas, ao universo lúdico, bem como ao papel das mulheres enquanto introdutoras do viver moderno no espaço doméstico, em seus objetos, atributos e comportamentos.

Em 1966, o primeiro shopping center de São Paulo foi inaugurado à Rua Iguatemi, e a Mobilinea foi escolhida para ser uma das lojas âncora do empreendimento. Com um espaço próprio de 500 m², distribuídos em três níveis, foi planejado de modo que também pudesse ser usado como cenário para as campanhas promocionais da empresa. Prosseguindo o desejo de fornecer todos os objetos e complementos para a casa, em 1972, os sócios da Mobilinea decidiram criar a Home Store, unindo-se a 27 outras empresas em uma loja de 1.800 m² à Avenida Nove de Julho, onde era possível encontrar desde mobiliário para casa e jardim até discos, flores e livros, sempre expostos em ambientações completas e seguindo os princípios dos outros espaços da Mobilinea, que tinha o controle criativo desse novo empreendimento.

Apesar do sucesso, por razões diversas o casal Hauner decidiu vender suas ações na Mobilinea em 1975 e deixou o país. Desde então, a empresa tomou outros rumos, paulatinamente modificando seu campo de atuação, abandonando a fabricação de móveis residenciais ou com desenhos próprios. Com a entrada do grupo canadense The Global Group na Mobilinea em 1998, ela passou a operar como Global Mobilinea, consolidando-se como uma grande produtora de mobiliário corporativo, mas, afora o nome, não guarda semelhanças com a experiência empreendida nas décadas anteriores. A importância dessa primeira fase, contudo, sobreviveu a seu fim abrupto, deixando um legado que não pode deixar de ser discutido.

Assim, a pesquisa aqui publicada visa contribuir com os estudos sobre a história do mobiliário, dos arranjos domésticos e das formas de morar no Brasil, focando-se em examinar criticamente a trajetória da Mobilinea, de sua fundação em 1959, ao longo de seu desenvolvimento nos anos seguintes, até 1975, quando Ernesto e Georgia Hauner deixaram o país.

Embora tenha sido uma das iniciativas mais bem-sucedidas e longevas do período, a experiência foi pouco documentada e acabou sendo de alguma forma subestimada pela historiografia do design. Não se pode dizer, contudo, que a ausência de uma investigação aprofundada sobre a Mobilinea até o momento tenha sido singular — e que as demais iniciativas de design no Brasil ao longo da história tenham sido amplamente registradas —, pois há ainda um longo trajeto até alcançarmos a maturidade da área no país.

Estudos vêm sendo desenvolvidos em âmbito acadêmico e editorial com crescimento expressivo nos últimos anos, podendo ser identificadas algumas tendências: trabalhos voltados a outras áreas de conhecimento, como a antropologia, a história e a sociologia, que se apoiam no design e na cultura material para discutir suas problemáticas; focados na história da profissão, da difusão e do ensino de design no país; no design de produtos, entre os quais o mobiliário é sem dúvida o mais popular, contando com estudos que apresentam o estado da arte em determinados locais e períodos; além de pesquisas específicas sobre designers e empresas, trazendo luz a questões de pertinência ao campo como um todo.

Há preocupações recorrentes em várias dessas produções acerca do que seria o design verdadeiramente "moderno" ou verdadeiramente "brasileiro", e sem dúvida a Mobilinea produziu design moderno brasileiro, não tanto por suas peças terem assumido tal ou qual proposta plástica, mas por terem sido pensadas frente às condições locais de produção e consumo, por meio de métodos racionais, econômicos e eficientes de projeto, fabricação e distribuição, visando atuar em um cenário de aspirações associadas a processos de modernização técnica e social do país.

Para traçar o desenvolvimento da empresa, um levantamento e análise de fontes primárias foi essencial. Em setembro de 2012, realizei uma viagem a Vancouver, no Canadá, onde Georgia Hauner reside atualmente, para levantar o material que ela e Ernesto levaram da Mobilinea quando de sua mudança para aquele país em 1975. Lá, havia um grande conjunto de fotografias das lojas e dos móveis, documentos originais datilografados por Georgia, Ernesto e John de Souza, catálogos, convites para exposições, correspondências e projetos para espaços comerciais. Além disso, Georgia possui uma grande coleção de periódicos brasileiros que contavam com propagandas e reportagens sobre a Mobilinea ou realizadas por ela na Editora Abril. Somando esses volumes ao levantamento feito na biblioteca da FAU-USP, na Editora Abril e nos acervos virtuais de *Folha de S.Paulo* e *O Estado de S. Paulo*, foi possível localizar aparições da Mobilinea nos dois jornais paulistas e em 21 revistas nacionais e estrangeiras, voltadas a assuntos tão diversos quanto arquitetura, artes, política, economia, cultura, moda, decoração e outras temáticas direcionadas ao público feminino.

Assim, a pesquisa tomou um rumo imprevisto em seu esboço inicial, deslizando do estudo do design e do processo de produção dos móveis da Mobilinea para o enfrentamento de suas relações com as propostas de revisão do ambiente doméstico, flagradas a partir das estratégias visuais e promocionais adotadas pela empresa em seus espaços comerciais e em campanhas publicitárias. Esse foco no imaginário do morar e da vida privada promovido pela Mobilinea por um conjunto coerente de imagens associadas a seus móveis, bem como a seus usos, usuários e ambientes correspondentes, de fato conduziu a um interesse particular na atuação de Georgia Hauner, cuja figura permitiu explorar aspectos da história do móvel ligados a sua promoção publicitária e comercial, sua articulação com a história do gosto, dos estilos de vida e dos padrões de uso e conforto nos interiores domésticos, e do papel das revistas femininas e das mulheres – designers, editoras, leitoras, consumidoras – na afirmação do design e da ambientação modernos.

Beatriz Colomina propõe que a percepção de um espaço não é o que ele efetivamente é, mas apenas uma de suas representações, e, nesse sentido, o espaço construído não tem mais autoridade ou veracidade do que desenhos, fotografias ou descrições sobre ele (cf.: Colomina, 1994). Acredito que o mesmo se aplique não apenas aos espaços comerciais e imagens promocionais da Mobilinea, como aos móveis em si, e suponho que havia inclusive uma compreensão dessa dimensão na Mobilinea, que assumidamente tornava o objeto indissociável de seu cenário e subsequente fotografia. Mais do que isso, por meio de periódicos, a Mobilinea amplificou suas propostas para um público diverso e em escala nacional e, por tudo isso, tornou-se interessante focar a pesquisa na imagem da empresa, buscando compreender seus mecanismos de promoção e suas relações com os estilos de vida propostos.

introdução | 19

O material localizado na mídia impressa foi então confrontado a depoimentos de pessoas que atuaram ou estiveram próximas da Mobilinea, a começar pela própria Georgia Hauner, que me concedeu quatro entrevistas durante o período de pesquisa em Vancouver. Além dela, foram também ouvidas Ada Hauner (1924-2018), irmã de Ernesto e responsável pelas vendas da linha de móveis de escritório da Mobilinea desde meados dos anos 1960 até depois da saída do casal; Bibita (Maria Beatriz) Butcher (1944-), vendedora e gerente da loja do Shopping Iguatemi; Judit Magyary (1946-), vendedora que atuou também assistindo clientes no planejamento de interiores, assim como na concepção da cenografia da Home Store; Yone Koseki Pierre (1940-2016), arquiteta que trabalhou na loja e também na fábrica como assistente de projetos de Ernesto; Jorge Kornbluh (1930-2016), engenheiro e primeiro sócio da empresa no início da década de 1960; Matias Eisler, filho de Martin Eisler, com quem Ernesto e Georgia trabalharam na Móveis Artesanal antes de fundarem a Mobilinea; Sergio Rodrigues (1927-2014), que os conheceu no mesmo período e foi amigo e colega de profissão desde então; e Martin Wurzmann (1937-), marchand igualmente ligado aos personagens da Móveis Artesanal.

A memória tem um caráter intrinsicamente impreciso, em que cada entrevistado ou entrevistada pode involuntariamente aumentar ou diminuir seu papel na história, bem como dos demais personagens citados, ou mesmo atribuir-lhes posições distintas em função de acontecimentos posteriores. Ainda assim, as informações transmitidas trouxeram uma série de dados importantes sobre o funcionamento da Mobilinea e seu posicionamento de mercado, além de contribuir sobremaneira na construção de uma sensibilidade sobre a experiência de trabalho na empresa. As perguntas centraram-se em informações gerais sobre a biografia de cada entrevistado ou entrevistada, sua experiência na Mobilinea e o que ele ou ela pudesse fornecer de descrições sobre os processos de projeto, fabricação e venda, sua relação com os demais funcionários, sua percepção da empresa frente às concorrentes e considerações sobre o design no período.

20 | mobilinea

Ao longo do desenvolvimento da pesquisa, novos questionamentos surgiram e houve um diálogo constante com Georgia Hauner, que teve paciência e cuidado para elaborar pequenos textos respondendo meus novos inquéritos, acrescentando outras informações que se lembrava a partir das conversas e até de alguma forma se reposicionando em função dessa troca, o que parece fazer parte também de um processo pessoal de recuperação de seu passado. Da mesma maneira, foi necessário prudência para não me amparar demasiadamente em seu ponto de vista, uma vez que muitas informações sobre o funcionamento da empresa e sobre o pensamento por trás de suas ideias vieram principalmente por meio de suas falas.

Além de todas essas interferências, entendo que o trabalho de história, assim como o do arquiteto ou do designer em relação ao desenho, situa-se ele mesmo no tempo de sua escrita, "fala nele e dele se serve ainda quando se propõe a negá-lo, repensá-lo ou dissecá-lo em suas diversas temporalidades" (Lira, 2011b, p. 16), de modo que não tenho ilusões de chegar a uma versão definitiva dos acontecimentos ou apresentar mais do que uma compreensão temporária sobre certos aspectos da trajetória da Mobilinea. Entre esses caminhos possíveis, inspiro-me também na indicação metodológica de Manfredo Tafuri, quando propõe que "para desembaraçar uma meada de fios artificialmente emaranhados entre si, vamos ter de dispor paralelamente muitas histórias independentes para então verificar, onde existirem, suas interdependências mútuas" (Tafuri, 2011, p. 24), e apresento sequencialmente a trajetória da empresa sob diversos enfoques e trazendo contextos distintos do mesmo período, como se sucessivamente adicionasse camadas a uma história em gestação, ou então a olhasse em sua completude com lentes diferentes a cada instante.

DESIGN E DESIGNERS

É importante situar o estado do design no Brasil antes da fundação da Mobilinea para se compreender sua trajetória, o modo como ela se constituiu e se inseriu no mercado e no campo que ela partilhava e disputava com outras empresas. Serão discutidas neste capítulo primeiramente as iniciativas em desenho de móvel no país cuja atuação parece ter impactado mais diretamente a criação da empresa, seja por atuarem em um mesmo meio e contexto econômico e cultural, seja pelas rivalidades e parcerias que as aproximavam.

A partir disso, é possível localizar a formação dos principais personagens a atuar na Mobilinea e como entraram em contato, principalmente a partir da Móveis Artesanal. Na sequência, a trajetória da empresa será apresentada em linhas gerais desde sua fundação, em 1959, ainda denominada Ernesto Hauner Decorações, até a saída de Ernesto e Georgia Hauner em 1975, com foco nos eventos que marcaram os rumos da empresa e na atuação dos diferentes profissionais que passaram por ela.

Essa trajetória será então reinserida em um panorama do móvel moderno no período, particularmente em São Paulo, de modo a entender como esse campo de ofertas estéticas e comerciais se desenvolveu naquelas duas décadas. A existência de determinado número de empresas atuando de forma similar e mesmo concorrendo umas com as outras parece ter sido decisiva para que a própria ideia de móvel moderno se afirmasse cultural e economicamente, constituindo conjuntamente um público e um mercado. Ao mesmo tempo, com a institucionalização do design no país, eventos e premiações começaram a surgir, muitos dos quais contaram com a participação da Mobilinea, e serão também apresentados aqui.

RUMOS DO MÓVEL MODERNO NO BRASIL

Ao longo do século XIX, com a expansão do comércio internacional e o fim do sistema escravista, muitas cidades brasileiras passaram por acelerados processos de mudança e crescimento, que tornaram dinâmicas urbanas e programas domésticos mais complexos, e trouxeram novos costumes e modismos. Já na virada para o século XX, começou a emergir no país um desejo de encontrar uma identidade própria para a produção moveleira, dando origem às primeiras iniciativas de interesse ao desenvolvimento do móvel moderno e que, *grosso modo*, podem ser divididas em duas vertentes: empreendimentos que investiram no aperfeiçoamento de seus desenhos tendo em vista a produção seriada, sem grandes questionamentos socioculturais; e iniciativas de artistas e arquitetos que, embora concebessem produtos para ambientes modernistas e em diálogo com a produção estrangeira, continuariam a fabricá-los artesanalmente e em escala restrita.

Do primeiro grupo, há que se mencionar os móveis Thonet, criados na Áustria em meados do século XIX[1] [Fig. 1] e que começaram a ser produzidos no Brasil a partir de 1890 pela Companhia de Móveis Curvados, no Rio de Janeiro. Em 1908, o empresário gaúcho João Gerdau instalou uma oficina de móveis vergados às margens do rio Guaíba, em Porto Alegre, dando início à Gerdau,[2] que passou a fabricá-los, e foi gradualmente aumentando sua produção para fazer as várias cadeiras e poltronas da linha com a mesma técnica.[3]

Com o eclodir da Primeira Guerra Mundial, a importação de uma série de produtos foi suspensa no Brasil, gerando oportunidades

---

1 Os móveis Thonet estiveram entre os primeiros produzidos em escala industrial em todo o mundo, aliando o funcionalismo à preocupação formal. Foram desenhados na Áustria pelo carpinteiro e empresário Michael Thonet em 1841 e patenteados em 1849. São feitos a partir de uma técnica de envergar madeira em altas temperaturas e aparafusá-las, sem a necessidade de encaixes. Além disso, o armazenamento é feito com as peças desmontadas, o que poupa espaço.

2 Posteriormente, a produção das peças Thonet pela Gerdau passaria à empresa Thonart, que produz as peças no Brasil até hoje.

3 Em 1967, a Gerdau firmaria uma parceria com a Mobilinea, que passaria a comercializar as peças da linha junto às suas próprias, incorporando processos de pintura e acabamento.

Fig. 1: Cadeira Thonet, c. 1860, Áustria. Michel Thonet. Acervo Museu da Casa Brasileira. Foto: Romulo Fialdini.

para o desenvolvimento da manufatura e da indústria no país, incluindo o setor moveleiro. Bons exemplos disso são a Cama Patente, de Celso Martinez Carrera, e a Indústria de Móveis Cimo. A primeira foi desenvolvida em Araraquara em 1914 para equipar uma clínica médica, já que camas inglesas de estrutura metálica estavam indisponíveis. Em 1915 Carrera finalizou seu desenho, considerando produção industrial a baixo custo com elementos em madeira torneada e encaixes metálicos[4] [Fig. 2]. A segunda, fundada em 1921, teve sua atuação mais marcante durante a década de

---

4 Nascido na Espanha e filho de artesãos, Carrera imigrou para o Brasil em 1906 e, em 1909, abriu a própria marcenaria com outros artesãos imigrantes e maquinário importado. Em 1919, o italiano Luís Liscio fundou a Indústria Cama Patente L. Liscio S. A., que registrou a marca em Araraquara e impediu que a Fábrica de Móveis Carrera continuasse a produzi-la, pois este não havia registrado seu desenho, ao contrário do segundo. Nos anos seguintes a nova fábrica expandiu e foram desenvolvidos métodos, máquinas e equipamentos próprios para sua fabricação, otimizando o uso do metal e da madeira. Por ser composta por peças, ela era desmontável e transportável. A Cama Patente foi comprada principalmente pelas classes médias, vendida em grandes magazines como Mappin Store, Casa Alemã, Mesbla e Cassio Muniz, além de contar com representantes de venda no interior do país. Foram produzidas até 1968 (cf. SANTOS, 2017).

design e designers | 25

Fig. 2: Cama Patente, c. 1915, Araraquara, SP. Celso Martinez Carrera (1883-1955). Indústria Cama Patente L. Liscio S. A. Acervo Museu da Casa Brasileira. Foto: Marcelo Andrade.

Fig. 3: Cadeira 1001, Móveis Cimo S. A. Acervo M. Angélica Santi. Foto: Flavio Coelho.

1930, com assentos em madeira vergada combinada a peças retas, desmontáveis para facilitar seu transporte, produzidas em série e feitas a partir de aparas de imbuia com encaixes, quase todos feitos sem cola. A Cimo foi ainda pioneira no uso de madeira compensada laminada moldada, com a importação de maquinário apropriado para sua usinagem[5] [Fig. 3].

Nesses três casos, novas tecnologias foram desenvolvidas e o resultado formal das peças refletia uma capacidade de síntese que pode ser tomada como moderna, ainda que não viesse acompanhada de um discurso social reformador.

Por uma via distinta, discussões acerca da arte e arquitetura moderna se desenvolviam nos círculos culturais das principais capitais do país a partir de meados dos anos 1920, e algumas experiências que visavam desenvolver a totalidade da habitação se debruçaram sobre qual seria o seu mobiliário. Entre estas estava o trabalho do artista John Graz e sua esposa, Regina Gomide, que propunham a renovação dos interiores domésticos paulistanos a partir de ambientações completas, com o planejamento dos cômodos, a produção de seu mobiliário e de elementos decorativos como quadros, tapeçarias, *panneaux* e almofadas[6]. Esses complementos eram feitos por Regina, que teve uma contribuição importante na exposição da casa modernista da rua Itápolis, de Gregori Warchavchik. Este, ucraniano de nascimento e com formação em arquitetura na

---

5   Em 1921, os irmãos Martin e Jorge Zipperer instalaram uma fábrica de cadeiras na serraria e fábrica de caixas A. Ehrl & Cia., em Rio Negrinho, nordeste de Santa Catarina. O nome Cimo veio apenas em 1954, sendo a razão social pelo qual essa produção é atualmente conhecida, ainda que a atuação mais marcante da empresa tenha ocorrido entre 1925 e 1939. Ao longo dos anos, ampliaram a produção de cadeiras para poltronas de teatro e cinema, linhas institucionais completas para escritórios e escolas (amplamente utilizadas em órgãos governamentais) e alguns móveis residenciais, que foram comercializados em escala nacional. Havia preocupações com a racionalização da produção, mas sem um programa estético para os móveis, que foram adaptados e adornados para competir com peças de estilo ao longo da existência da Cimo (especialmente a partir dos anos 1950), inclusive se aproximando dos móveis pintados da Mobilinea, antes de fechar as portas em 1982 (cf. SANTI, 2013).

6   John Graz nasceu na Suíça e imigrou para o Brasil quando se casou com a brasileira Regina Gomide, em 1920, após terem estudado juntos na Faculdade de Artes Decorativas de Genebra. Graz começou a desenhar móveis em 1923 com uma estética próxima ao *art déco*, empregando materiais como tubos metálicos e madeira laminada. O casal projetou os interiores de muitas residências da elite intelectual do período, e a produção dos móveis era feita em oficinas terceirizadas por encomenda, de forma artesanal e utilizando materiais importados (cf. SANTOS, 2008).

Itália, imigrou para o Brasil em 1923 e aqui tomou contato com os círculos modernistas, inaugurando em 1930 sua "Exposição de uma Casa Modernista", que exibia uma casa com arquitetura e interiores desenvolvidos por ele e outros artistas modernistas, além de jardins criados por sua esposa, Mina Klabin Warchavchik[7] [Figs. 4-5].

Esses móveis eram feitos artesanalmente, muitas vezes com materiais novos – caros e importados –, que transmitiam o raciocínio de ambientações modernas no cenário internacional. Nesse sentido, as peças raramente foram comercializadas desvinculadas de projetos de edificação, tanto em função da ausência de um mercado interessado, como de uma indústria de materiais de base e manufatura naquele estágio de desenvolvimento. Tanto no caso de Graz como de Warchavchik, vale enfatizar a parceria de casais e a divisão de tarefas entre eles, relegando aos homens um foco projetual mais técnico e, às mulheres, as artes consideradas menores, o que também viria a ocorrer na Mobilinea (cf. CHADWICK e COURTVIRON, 1993; PERECIN, 2003; SIMIONI, 2008).

Theodor Heuberger foi outro nome importante no ramo moveleiro entre as décadas de 1920 e 1940; mas, ao contrário dos anteriores, não projetava. O marchand e animador cultural radicou-se no Brasil após emigrar da Alemanha e, em 1926, abriu uma loja chamada Galeria Casa & Jardim, no Rio de Janeiro. Sua ideia era integrar os espaços internos e externos da casa, unindo arquitetura, paisagismo, mobiliário e arte, com uma linha de móveis modernos e outra de clássicos, produzidos artesanalmente. Em 1938, abriu uma filial em São Paulo à rua Barão de Itapetininga e, embora não haja informações sobre o layout da loja, pode-se supor que tenha sido

---

7   Gregori Warchavchik nasceu em Odessa em 1896, tendo iniciado sua formação em arquitetura na Escola de Arte local, e a concluiu em 1920 em Roma. Em 1923, imigrou para São Paulo para atuar na Companhia Construtora de Santos. Em 1927 casou-se com Mina Klabin, que era bastante engajada nos circuitos culturais da cidade e, no mesmo ano, construiu a residência do casal, à rua Santa Cruz. Em 1930, organizou em São Paulo a "Exposição de uma Casa Modernista" em uma casa construída à rua Itápolis, com a colaboração de vários arquitetos e artistas. A convite de Lúcio Costa, passou a integrar o corpo docente da Escola Nacional de Belas Artes no Rio de Janeiro; e entre 1931 e 1932, no Rio, inaugurou duas outras obras de sua autoria com exposições de arquitetura (cf. LIRA, 2011a).

um dos primeiros espaços no país a expor ambientes modernos de forma sistemática.

Durante o período em que morou no Brasil (1939-1941), o arquiteto austríaco Bernard Rudofsky[8] colaborou com projetos para os móveis lá comercializados. Enquanto ainda atuava junto à empresa, Rudofsky participou e foi premiado no concurso de móveis e consequente exposição "Organic Design in Home Furnishings", organizados pelo Museum of Modern Art (MoMA) de Nova York, em 1941,[9] com peças, como outras que desenvolvera na Itália, que continham elementos irreverentes, mas também algo que remetia a uma linguagem europeia tradicional. Nesse caso, Rudofsky misturou materiais industriais, como metais galvanizados e pintados, a fibras naturais brasileiras. Essa combinação seria retomada, alguns anos depois, no Studio de Arte Palma e na Móveis Artesanal, porém com outro partido projetual.

Apesar dessas experiências, boa parte dos móveis comercializados no país nesse período reproduziam peças de estilo e, assim como a maioria dos bens manufaturados consumidos até a Segunda Guerra Mundial, eram importados. Quando os conflitos tornaram Europa e Estados Unidos incapazes de suprir sua própria demanda de produtos industrializados, o Brasil pôde aumentar suas exportações e passou a produzir e utilizar itens anteriormente trazidos de fora. A região sudeste do país tornou-se, então, um polo de investimentos e empregos com a política de substituição de importações, a criação de indústrias de base e a instalação crescente de filiais de empresas multinacionais. Foi nesse contexto que teve início a produção de uma série de novos materiais como plástico, óleo diesel,

---

8 Bernard Rudofsky formou-se arquiteto e engenheiro em Viena, em 1928, e trabalhou em diversos países europeus como arquiteto e artista antes de vir passar três anos no Brasil, em 1939. Na Casa & Jardim, Rudofsky foi nomeado diretor de arte da seção de decoração, desenhando móveis e prestando consultoria a clientes. O arquiteto também foi responsável pelo logotipo da empresa Fotoptica, em uso até meados dos anos 1970 (cf. GUARNIERI, 2003).

9 A exposição Organic Design in Home Furnishings foi organizada no MoMA a partir de duas competições: uma delas com nove categorias e aberta a designers europeus e americanos, e outra sem categorias, para designers latino-americanos. Rudofsky foi um dos vencedores dessa segunda e o único a submeter projetos do Brasil. Aos vencedores, era dada uma passagem para Nova York, para onde o arquiteto foi e não retornou (cf. GUARNIERI, 2003).

design e designers | 29

Figs. 4-5: Interiores da "Exposição de uma Casa Modernista", concebida e organizada por Gregori Warchavchik, em 1930, em residência de sua autoria à rua Itápolis. Acervo família Warchavchik.

detergente, asfalto, fibra sintética, alumínio, cimento e vidro, além da modernização de indústrias tradicionais dos setores têxtil, farmacêutico, de calçados e bebidas. Muitos desses materiais, por sua vez, possibilitaram a produção e o consumo no país de incontáveis equipamentos domésticos nos anos seguintes, como ferro elétrico, fogão a gás de botijão, panelas de pressão, frigideiras de alumínio, chuveiro elétrico, liquidificador, batedeira de bolo, geladeira, secador de cabelos, máquina de barbear, aspirador de pó, enceradeira, torradeira, máquina de lavar roupa, rádio de pilha, eletrola, vitrola hi-fi, aparelho de som, disco de vinil, TV preto e branco e depois em cores, controle remoto, videocassete e ar-condicionado (cf. MELLO e NOVAIS, 1998, p. 564). Práticas sociais se transformaram com a disseminação desses novos produtos, mudando cotidianos, sobretudo entre as camadas média e alta da população, cujos padrões de consumo e vida doméstica seriam fortemente afetados pelo acesso a esses bens modernos. Também no início dos anos 1950, foram fundadas a Duratex e a Eucatex, que passaram a fabricar madeira compensada em grande escala, usadas inicialmente na construção civil e depois na indústria moveleira. Visando esse mesmo segmento, em 1954, a empresa Formiplac foi criada para produzir laminados para revestimento e, em 1966, a Placas do Paraná iniciou a fabricação de madeira aglomerada (cf. SANTI, 2013, p. 271).

Ainda nesse período, trens foram substituídos por autoestradas, permitindo o espraiamento das manchas urbanas e a vinda de migrantes, e em um nível mais aproximado isso possibilitou também a dilatação da localização de pequenas e grandes fábricas. "Metropolização" parece ser o termo mais apropriado para entender esse movimento, que alguns autores apontam como simplesmente a conurbação de diversas cidades, desprezando um contexto sociocultural mais complexo. Para Regina Meyer, contudo, metropolização é um processo de gerar novas formas "de construir, de comprar, de morar, de circular, de divertir-se, de usufruir e produzir objetos artísticos, de comunicar-se e, sobretudo, de conviver de forma 'cosmopolita'" (cf. MEYER, 1991, p. 10). Nesse processo, as diversas instâncias da vida urbana se voltam para as massas, para a produção em larga escala, especificamente no âmbito da indústria e da cultura, e essa produção prescinde, evidentemente, de um consumo em igual proporção. De acordo com João Manuel Cardoso de Mello e Fernando Novais, a sensação de grande parte dos brasileiros entre 1950 e o final dos anos 1970 era de que faltava dar poucos passos para o Brasil se tornar uma nação moderna, e o faria incorporando as conquistas materiais do capitalismo aos traços de caráter que nos singularizavam como povo: a cordialidade, a criatividade e a tolerância (cf. MELLO e NOVAIS, 1998, p. 560).

Também devido à guerra, novas levas de imigrantes europeus chegaram ao Brasil, muitas das quais a São Paulo. Distinguindo-se de certo modo da grande imigração de algumas décadas antes, o fluxo desse período seria em grande medida formado por grupos profissionalizados, intelectualizados e urbanizados, que atuariam na mudança das relações sociais na capital e particularmente no campo da produção e do consumo cultural. Na década de 1950, um terço da população paulistana era de imigrantes ou filhos de imigrantes, e a população proveniente de migração interna era tampouco desprezível (cf. ARRUDA, 2001). Essa efervescência levou à fundação de uma série de equipamentos culturais na cidade: em 1947, foi criado o Museu de Arte de São Paulo (Masp) por Pietro Maria Bardi e Assis Chateaubriand (o primeiro imigrante italiano e o segundo migrante da Paraíba) e quase ao mesmo tempo viabilizou-se o Museu de Arte Moderna de São Paulo (MAM), a partir da atuação de Ciccillo Matarazzo, inaugurado em 1948. O MAM foi também responsável pelas primeiras bienais de arte no país a partir de 1951, que contribuíram de maneira decisiva na divulgação da produção artística nacional e internacional, e contava ainda com seções de arquitetura, cinema e música.

Tomava corpo nesse período o movimento do concretismo, que entendia que a arte deveria se libertar da banalidade e da representação não metafórica, assumindo um papel social ativo de transformação, desenvolvendo ideias de movimentos construtivistas europeus das décadas anteriores. Essa espécie de "arte útil", lógica, que trabalhava formas seriadas, viria muito ao encontro das discussões sobre desenho industrial que se davam tanto no campo gráfico como no de produtos. O Masp criou, em 1951, o Instituto de Arte Contemporânea (IAC), uma escola de design que se baseava no método da Bauhaus e do Institute of Design de Chicago e, embora a dificuldade de inserção no mercado dos alunos egressos tenha levado o curso a fechar dois anos depois, essa experiência ajudou a estruturar as bases da atividade de design no país.[10] Em 1947, foi criado o curso de arquitetura no Mackenzie e, em 1948, na Faculdade de Arquitetura e Urbanismo na Universidade de São Paulo (FAU-USP), denotando a ampliação do ensino superior.

Nesses anos, a arquitetura moderna brasileira se consolidava e era reconhecida internacionalmente, principalmente por seus edifícios monumentais, contemplados na exposição "Brazil Builds", organizada pelo MoMA de Nova York em 1943, como resultado de uma viagem pelo país realizada por Philip Goodwin e G. E. Kidder Smith, sob supervisão de Lúcio Costa. Essa corrente da arquitetura moderna, também endossada pelo Estado, criava um elo com a produção colonial pela apropriação de elementos tradicionais filtrados pelos parâmetros do gosto modernista e teve seu ápice com a construção de Brasília, em 1960 (cf. SEGAWA, 1998; GORELIK, 2005). Parte da produção de móveis modernos nesse momento respondia a essa produção, e parte trilhava caminhos independentes, mas pode-se dizer que ambas as correntes buscavam conciliar uma produção ao mesmo tempo racional, no sentido de desenho e fabricação, e popular, no sentido de serem acessíveis e dialogarem com elementos locais. Apesar disso, essas iniciativas, em escalas variadas, encontraram impasses na fabricação e formação de público, levando a uma predominância de produções artesanais com preços ainda elevados.

---

10   A congregação do I.A.C. incluía Lasar Segall, Elisabeth Nobiling, Lina Bo Bardi, Giancarlo Palanti, Roberto Burle Marx, Thomas Farkas, Jacob Ruchti, Rino Levi, Flávio Motta, entre outros.

Joaquim Tenreiro[11] foi quem talvez tenha atuado mais proximamente ao grupo de arquitetos ligados a Lúcio Costa. Inicialmente, trabalhou como projetista de móveis de estilo, mas em 1942 abriu com o alemão Langenbach, ex-vendedor da empresa Laubisch & Hirth, onde ele também trabalhara, uma loja de móveis chamada Langenbach & Tenreiro, com uma linha de móveis tradicional e outra moderna, esta última sendo a única comercializada a partir de 1947. Tenreiro utilizou majoritariamente madeira maciça, em seções mínimas, encaixes delicados e revestimentos em couro e palhinha, consagrando uma nova estética para esses materiais; seus perfis mínimos estavam em diálogo com materiais coloniais e também com a produção moderna internacional de pés-palito metálicos, embora seus móveis fossem feitos de maneira estritamente artesanal e em poucas unidades.[12] Em 1953, abriu uma filial em São Paulo à rua Marquês de Itu, que funcionou até 1961; a matriz carioca ficou aberta até 1968, com produtos expostos em ambientações completas [Fig. 6].

Também preocupada com a ambientação de suas peças, a Branco & Preto foi uma loja que tinha móveis expostos como em ambientes residenciais, amplos e integrados, com materiais sóbrios e poucos elementos decorativos, contando com profissionais à disposição para desenvolver o planejamento dos interiores. Fundada em 1952 pelos arquitetos Miguel Forte, Jacob Ructhi, Roberto Aflalo, Carlos Millan e Chen Y Hwa, a empresa nascera do desejo de realizar um projeto de arquitetura moderna do início ao fim, o que incluía seu mobiliário. O grupo seguia algumas premissas ligadas à produção

---

11   Nascido em Portugal, Joaquim Tenreiro imigrou para o Brasil em 1928 e logo tomou contato com o meio artístico carioca. Entre 1931 e 1934, desenhou móveis em estilos diversos para a firma de móveis de origem alemã Laubisch & Hirth que, embora contasse com cerca de 300 trabalhadores, tinha produção artesanal. Entre 1935 e 1938, trabalhou na empresa de origem portuguesa Leandro Martins, mas depois voltou para a Laubisch & Hirth. Em 1941, Francisco Inácio Peixoto encomendou à empresa móveis para mobiliar sua casa em Cataguazes, projeto de Oscar Niemeyer, e não queria peças de estilo. Passaram o projeto a Tenreiro e ele fez o projeto completo, aprovado e comprado pelo cliente (cf. CALS, 1998).

12   A Poltrona Leve, de 1942, é tida por muitos autores como o marco do início do design moderno em Tenreiro, tendo sido produzida em duas madeiras (pau-marfim e em imbuia lustrada em preto). Ela é estruturada por braços e pés torneados, com assento e encosto em espuma de borracha revestida em tecido. O projeto mais conhecido de Tenreiro é a Cadeira de Três Pés, de 1947, que podia ser feita com combinações de três a cinco madeiras diferentes e introduzia cor no móvel a partir do próprio material. Sua fábrica chegou a contar com cem artesãos fazendo móveis em madeira maciça e, eventualmente, em compensado e até metal.

Fig. 6: Loja de Joaquim Tenreiro em São Paulo com móveis de sua autoria ambientados em residências, década de 1950 (cf. CALS, 1998, p. 48).

arquitetônica norte-americana, especialmente para habitações unifamiliares, com ambientes integrados entre si e às áreas externas. As peças da Branco & Preto eram feitas artesanalmente em madeira maciça, com dimensões generosas, perfis delgados e linhas simples, por influência e em diálogo com a produção de Tenreiro. Os estofados eram de palhinha ou tecidos fabricados no Lanifício Fileppo com exclusividade para a loja, a partir de cores e padrões criados pelos arquitetos.[13]

Também deve ser mencionada como relevante nesse período a Ambiente, empresa fundada em 1950 pelo imigrante romeno Leo Seincman, que chamou diversos arquitetos para projetarem seus móveis, além de fabricar desenhos trazidos do exterior,[14] preocupando-se com questões de projeto e fabricação em escala industrial.[15] Além dos móveis, a Ambiente contava também com uma importante galeria de arte dirigida por Wanda Svevo, apresentando obras de artistas iniciantes e consagrados. Seincman permaneceu ligado à empresa até 1964, quando saiu para fundar a Probjeto, que viria a ter uma parceria com a Mobilinea e depois também participaria da Home Store.

Michel Arnoult, imigrante francês que se formou arquiteto no Rio de Janeiro, criou no início dos anos 1950 uma pequena marcenaria em Curitiba com ex-funcionários da Móveis Cimo e o arquiteto inglês Norman Westwater. Em 1955, fundaram a empresa Mobília Contemporânea em São Paulo, com uma loja à rua Vieira de Carvalho e um novo sócio, o advogado Abel Barros de Lima.

---

13   Os móveis da Branco & Preto eram executados em pequena quantidade em marcenarias terceirizadas. As cortinas também eram desenhadas na empresa, estampadas em serigrafia por Paulo Becker. Pelo modo de produção, o móvel da Branco & Preto era caro e um projeto secundário para alguns de seus fundadores, que logo se desvincularam. Os que permaneceram abriram uma filial à rua Augusta, em São Paulo, com tecidos e objetos decorativos, que funcionou até 1970 (cf. ACAYABA, 1994).

14   Segundo Marlene Acayaba, os móveis da Ambiente eram inicialmente cópias de móveis estrangeiros americanos, em especial da Knoll. Roberto Aflalo, que depois fundaria a Branco & Preto, começara sua carreira como desenhista de móveis lá, fiscalizando essa produção.

15   Mais tarde, o arquiteto italiano Carlo Benvenuto Fongaro foi trabalhar na Ambiente e lá projetou linhas completas de móveis residenciais em madeira maciça e metal, além de propor ambientações para clientes. Outros nomes importantes que passaram pela empresa foram Karl Bergmiller e Eduardo Corona (cf. SANTOS, 2017).

Os móveis eram pensados a partir de princípios de multifuncionalidade, modulação, multiuso, flexibilidade e desmontagem, e a usinagem era igual para todas as peças, o que tornava a execução simples, considerando sua industrialização (cf. LEON, 2016). Em 1959, construíram uma fábrica própria e conquistaram importante reconhecimento na década seguinte, sendo um dos principais concorrentes da Mobilinea e também participantes da Home Store.

Já a L'Atelier Móveis e Decorações foi fundada em 1955 pelos irmãos poloneses Leopoldo e Jorge Zalszupin, juntamente com três marceneiros. A produção começou artesanalmente, mas aos poucos adaptaram-se a uma lógica industrial a fim de ter maior produtividade, com desenhos de Jorge. A primeira loja foi aberta no Conjunto Nacional em São Paulo, com logotipo feito por Wesley Duke Lee, e nos anos seguintes cresceram significativamente, chegando a ser pioneiros no uso de materiais plásticos e também disputando o mercado de móveis dos anos 1960 (cf. SANTOS, 2014).

Outras empresas importantes no período, mas cujas trajetórias não se aproximaram tanto da Mobilinea, são a Fábrica de Móveis Z,[16] fundada por Zanine Caldas, que trabalhou com chapas de madeira compensada cortados em perfil, e a Unilabor,[17] onde Geraldo de

---

16   Fundada pelo desenhista e maquetista José Zanine Caldas em parceria com Sebastião Pontes e Paulo Mello em 1948, em São José dos Campos, a Fábrica de Móveis Z, Zanine, Pontes e Cia. Ltda. propunha móveis baratos e industrializados com desenho moderno para as classes médias. Eram elaborados em madeira compensada recortada em formas sinuosas, porém com estudos de aproveitamento de chapa. As peças eram parafusadas, as forrações de lona ou tecido plástico eram pregadas com tachinhas e não havia costura (portanto não eram necessários tapeceiros) e o sistema de molas era simples. A produção era em série, sem mão-de-obra especializada e os móveis eram desmontáveis. A empresa fechou em 1961 quando a fábrica foi destruída por um incêndio, mas foram comercializados com êxito em grandes magazines (cf. VASCONCELLOS e BRAGA, 2012).

17   A comunidade de trabalho Unilabor, Indústria de Artefatos de Ferro, Metais e Madeira Ltda. foi fundada no bairro do Ipiranga, em 1954, como uma cooperativa cristã, coordenada pelo frei João Batista Pereira dos Santos, que reunia profissionais de vários meios, incluindo o artista concretista Geraldo de Barros como desenhista das peças e da identidade visual da marca. Iniciaram a produção artesanalmente, mas logo desenvolveram linhas de móveis com elementos comuns fabricados em série; a maior preocupação no processo produtivo a partir dessa transição foi não perder a participação dos trabalhadores no projeto e planejamento da fabricação de cada peça. Os móveis da Unilabor foram consumidos por classes médias que buscavam uma identificação com as vanguardas artísticas; eram modulares, feitos principalmente por estruturas verticais metálicas e caixas em madeira, permitindo que algumas peças básicas assumissem diferentes combinações e usos variados. Geraldo de Barros participou da Unilabor até 1964, quando teve desentendimentos com os sócios, e no mesmo ano veio a fundar a Hobjeto. Com crescentes dificuldades, a Unilabor permaneceu em atividade até 1967 (cf. CLARO, 2004; 2012).

Barros começaria sua carreira como designer de móveis, que se consagraria na Hobjeto – esta sim concorrente direta da Mobilinea.

Anos antes, Lina Bo[18] e Pietro Maria Bardi, que haviam imigrado para o Brasil em 1946, já tendo participado significativamente das discussões acerca de arquitetura e design na Itália, tiveram dificuldades para produzir a cadeira que Lina desenhara para o auditório do Masp, então decidiram fundar em 1948 uma empresa de fabricação e venda de móveis, associando-se ao também arquiteto e imigrante italiano Giancarlo Palanti.[19] Batizada de Studio de Arte e Arquitetura Palma,[20] a empresa era composta por um antiquário, uma seção de exposição de arte antiga e contemporânea, um departamento para comercialização das obras, o estúdio de desenho de móveis, chefiado por Lina e Palanti, e uma fábrica para a produção das peças. Eles entendiam que não haveria mão de obra qualificada para fabricá-las, então trouxeram marceneiros de Lissoni, na Itália.

Em consonância com as demais iniciativas modernas, os móveis do Studio eram em sua maioria fabricados com madeiras maciças brasileiras, como cabreúva e jacarandá, por vezes contraplacadas em recortes retos – procedimento que a Móveis Cimo vinha empregando desde a década anterior e que a Fábrica de Móveis Z começava a experimentar, e de maneira distinta a produções europeias e norte-americanas como de Alvar Aalto ou Charles e Ray Eames, de madeira moldada. Assim, buscava-se uma produção seriada, embora durante toda a existência do Studio Palma a fabricação tenha permanecido artesanal. Os espaldares e assentos

---

18   Lina Bo Bardi nasceu em Roma em 1914 e formou-se arquiteta em 1939. Em 1940 inaugurou em Milão um escritório de arquitetura e design com o arquiteto Carlo Pagani e começou a colaborar com a revista *Domus*, da qual se tornou editora em 1943. Trabalhou também ao lado do arquiteto Giò Ponti e, assim, participou da organização das Trienais de Artes Decorativas. No ano de 1946, recém-casada, embarcou para o Brasil em busca de novas oportunidades (cf. ORTEGA, 2008).

19   Giancarlo Palanti nasceu em Milão em 1906 e formou-se arquiteto em 1929. Em 1930 apresentou móveis e objetos na IV Trienal de Monza e, em 1931, abriu escritório de arquitetura e interiores com Franco Albini e Renato Camus, onde desenvolveu móveis modernos em materiais diversos. Contribuiu como redator nas revistas *Domus* e *Casabella* entre 1931 e 1946, ano em que também decidiu imigrar para o Brasil (cf. CORATO, 2004).

20   O Studio brasileiro foi batizado com o mesmo nome do Studio de Arte Palma de Roma, do qual Bardi fora proprietário e presidente.

de poltronas e cadeiras eram de materiais nativos e populares, como tecidos naturais, fibras e couro, denotando preocupações em criar um móvel com identidade nacional e trazendo referências locais para além do colonial. Ernesto Hauner, futuro fundador da Mobilinea, começou sua carreira profissional no Studio Palma.

* * *

Ernesto nasceu perto do Lago di Garda na província de Brescia, ao norte da Itália, em 1931, sendo o mais novo de quatro irmãos. Seu pai, Ferruccio Hauner, tocava violino na Orquestra Sinfônica de Brescia, dava aulas de música e produzia gravuras, mas como faleceu prematuramente, Ernesto foi criado pelos avós. Sua irmã mais velha, Ada Hauner, nasceu em 1924, formou-se no magistério e se casou com o artista e desenhista industrial Roberto Consolaro, sendo os primeiros na família a imigrar para o Brasil, instalando-se em São Paulo em janeiro de 1948. Em entrevista, Ada disse que não houve uma razão clara para a escolha pelo país, mas que foram assim orientados em Milão, e os motivos da partida haviam sido as condições de vida na Itália após a Segunda Guerra Mundial. Aqui, Roberto foi inicialmente empregado por um empresário italiano e, posteriormente, o casal abriu galerias de arte em Belo Horizonte e no Rio de Janeiro,[21] porém depois se separaram e Ada retornou brevemente à Itália. Já nos anos 1960 ela voltaria a São Paulo e iria trabalhar na Mobilinea.

O segundo irmão de Ernesto, Carlo Hauner, nasceu em 1927 e formou-se em desenho técnico na Academia de Brera, em Milão, mas seguiu carreira como pintor, chegando a participar da Bienal de Veneza de 1948. Pouco depois, imigrou para o Brasil e no ano seguinte veio Ernesto, que também estudara desenho técnico, com sua irmã Luciana e sua mãe. Tudo indica que Carlo rapidamente se

---

21 A galeria de Ada Hauner e Roberto Consolaro em Belo Horizonte funcionou de 1950 a 1955. Já a carioca chamava-se Penguin, por estar no subsolo da livraria Penguin, e funcionou entre 1959 e 1961.

inseriu nos círculos artísticos de São Paulo por sua experiência na Itália, e pode-se supor que ele tenha se aproximado de marchands italianos como Pietro Maria Bardi. Ada contou que seu marido tinha um escritório no prédio dos Diários Associados, onde também ficava o Masp, e que ele fora responsável pelos cálculos estruturais da Casa de Vidro de Lina Bo Bardi, o que pode ter facilitado o acesso dos demais familiares ao casal Bardi. De todo modo, foi Carlo quem apresentou Ernesto a eles e, em seu currículo, o caçula atesta que ainda em 1949 trabalhou no Studio de Arte Palma como desenhista, especializando-se em "desenho de móveis contemporâneos".[22; 23]

O Studio, que abrira suas portas em 1948, fechou dois anos depois. Segundo P. M. Bardi, havia pouca aceitação por parte do público consumidor por móveis com aquela proposta estética e, ao mesmo tempo, as peças eram copiadas por outras empresas com resultados inferiores, estigmatizando negativamente seus produtos e tornando o negócio insustentável. Em entrevista a Maria Cecília Loschiavo dos Santos (2017, p. 139), Bardi declarou:

> *As coisas não deram certo, a mentalidade era tão antimoderna! O que predominava eram os móveis da Paschoal Bianco e do pessoal do Brás. Começamos a perder dinheiro e então passamos a fábrica aos irmãos Hauner, que prosseguiram com o trabalho, mudando o nome da empresa para Móveis Artesanal.*

Com os depoimentos de Sergio Rodrigues e Georgia Hauner, foi possível apurar que a fábrica foi comprada apenas por Carlo Hauner, associado ao conde italiano Leoni Paolo Grasselli, marchand que ele conhecia desde a Itália e que também havia imigrado para o Brasil após a guerra.

---

22   Ernesto Hauner, *Resumé*, p. 1, *c.* 1975. Texto não publicado.

23   Georgia mencionou que antes do trabalho no Studio Palma, Ernesto teve uma breve passagem como calculista nas Indústrias Pignatari. (Georgia Hauner, *Mobilinea - Updated March 2014*, p. 2, 2014. Texto não publicado.)

Os primeiros móveis divulgados – e possivelmente executados – pela Móveis Artesanal foram para o Masp, com desenhos assinados por Lina Bo Bardi. Os demais projetos fabricados na empresa eram de Carlo, que havia fundado em paralelo uma empresa de objetos decorativos em barro cozido desenhados por ele, em parceria com o médico Milton Guper, chamada H. Cerâmica. Os móveis produzidos na Artesanal eram feitos em materiais e formas diversos, mas peças com estruturas metálicas, pés delgados e corpo estofado de maior massa predominavam nos anúncios. Além dos móveis de linha, faziam também projetos por encomenda.

Em 1953, Grasselli se desvinculou da empresa, concomitantemente à entrada de dois novos sócios: Martin Eisler[24] e Ernesto Wolf.[25] Eisler, que tomou conhecimento da empresa quando executou lá projetos sob medida, tornou-se desenhista das peças de linha junto a Carlo, enquanto Wolf exercia uma função administrativa. Um ano antes, Ernesto Hauner havia fundado uma marcenaria em sociedade com Carlo e o arquiteto Herbert Duschenes, que empregava cerca de 20 funcionários e produzia peças provavelmente vendidas na Artesanal, da qual também se tornou sócio em 1953, onde afirmou ter atuado como diretor, consultor técnico e designer.[26]

Quando Carlo Hauner fez uma viagem à capital paranaense para apresentar os móveis da Artesanal para o novo Centro Cívico de Curitiba, foi Sergio Rodrigues, que então trabalhava no projeto, quem o atendeu.[27] A venda não se concretizou, mas a partir disso estabeleceu-se uma parceria entre eles, e Rodrigues decidiu abrir uma filial da loja de São Paulo, batizada de Móveis Artesanal

---

24   Martin Eisler era austríaco e arquiteto de formação e tivera uma passagem pela Argentina antes de chegar em terras brasileiras; era cunhado de Ernesto Wolf (EISLER, 2013).

25   Ernesto Wolf era alemão, também com uma passagem pela Argentina, depois da qual imigrou para o Brasil em 1947, tornando-se sócio da Algodoeira Paulista. Wolf também era colecionador de artes e participou da organização da primeira Bienal de Arte de São Paulo, em 1951 (WURZMANN, 2012).

26   Ernesto Hauner, *Resumé*, cit.

27   Sergio Rodrigues havia se formado em arquitetura em 1951 e participava do projeto do novo Centro Cívico de Curitiba, juntamente com David Xavier de Azambuja, Flávio Regis do Nascimento e Olavo Redig de Campos. Tinha alguma experiência com interiores e, por isso, foi o encarregado de tratar desses assuntos com Carlo Hauner.

Paranaense, à qual Ernesto Hauner foi enviado para ajudar com a conceituação da exposição das peças. O empreendimento foi, contudo, um fracasso, e fechou em seis meses. Em depoimento para esta pesquisa, Rodrigues lembrou que quem buscava aquele tipo de móvel preferia comprá-lo diretamente em São Paulo, enquanto a maior parte da população local optava por peças com um desenho clássico. Depois que a loja encerrou suas atividades e a construção do Centro Cívico foi suspensa, Carlo aceitou empregar Sergio Rodrigues na matriz em São Paulo e ele se mudou para a capital paulista.

Em fins de 1953, foi inaugurada a Galeria Artesanal à rua Barão de Itapetininga, uma das ruas comerciais mais importantes de São Paulo naquele momento. Com três pavimentos, a nova loja abrigava a venda de móveis da Artesanal e também uma galeria de arte gerida por Ernesto Wolf. Foi lá que Sergio Rodrigues começou a trabalhar, encarregado de fazer projetos de ambientação interna para clientes. Pouco depois, um desenhista decidiu sair da empresa e Carlo Hauner pediu que Rodrigues entrevistasse pessoas para o cargo. Colocaram um anúncio na porta e algumas pessoas apareceram, entre as quais, Georgia Morpurgo.

Georgia nasceu em Pozega, na Croácia, em 1931. Vittorio Morpurgo, seu pai, era judeu, ítalo-inglês, e enteado de Lionello Stock, fundador da empresa de bebidas Stock, na qual Vittorio trabalhava com a função de estabelecer novas fábricas. Uma destas foi em Pozega, onde conheceu Mara Vojnovich, cuja religião era cristã ortodoxa sérvia e com quem se casou depois de se divorciar de uma primeira união. Georgia foi registrada com a nacionalidade inglesa do pai e a religião da mãe e, em 1933, a família mudou-se para Bielko, na Polônia, em função do trabalho de Vittorio, onde levaram uma vida confortável colecionando arte e antiguidades. Georgia relatou que seus pais eram reservados e cultos, e os costumes de sua infância demonstram que estavam atentos ao mundo das artes e da cultura: sua mãe fazia aulas de desenho de moda e era assistente de um professor de dança expressionista, com quem Georgia também tinha aulas, além de frequentar uma escola católica com aulas em polonês e praticar piano.

design e designers | 43

Em 1939, o clima antissemita se intensificou na região e uma nova onda de pogroms emergiu. Como se sabe, logo eclodiu a Segunda Guerra Mundial e a Polônia foi invadida pelo exército de Hitler. Georgia e a mãe foram para Lvov, mais longe da fronteira, mas não conseguiram escapar de duas semanas de bombardeios constantes. Logo veio a notícia de que estavam sob ocupação soviética e que todos os pertences da família em Bielko haviam sido tomados, ao mesmo tempo que perderam contato com Vittorio. Alugaram então um pequeno quarto na cidade e Georgia voltou a frequentar a escola, aprendendo preceitos stalinistas em ucraniano e no alfabeto cirílico. A comida era escassa e as condições de vida bastante duras; mas, com a ajuda de um cônsul britânico, conseguiram voltar à Croácia. Em 1941, tiveram que fugir novamente devido à ascensão do fascismo na região dos Bálcãs e dessa vez foram para Trieste, na Itália, onde residiam os avós paternos de Georgia. Lá, receberam a notícia de que Vittorio estaria vivo em um campo de concentração nazista em Nuremberg. Pouco depois, ele foi libertado por um arranjo da família com o governo alemão, já que Mussolini era naquele momento aliado aos nazistas. Com o retorno e a recuperação de Vittorio, a família se mudou para uma *villa* de Lionello Stock em uma pequena cidade italiana chamada Opicina. Pouco depois precisaram se mudar novamente, pois exércitos alemães continuavam próximos, e foram então para a região de Abruzi, mais ao sul, onde não havia contato algum com o mundo exterior e precisavam ser absolutamente autossuficientes. Em entrevista, Georgia relatou que

> *[...] durante a guerra na Europa, nós vivemos dois anos isolados de qualquer contato com a civilização. Quer dizer, nós estávamos lá nas colinas da Itália central e a gente tinha que fazer tudo em casa, porque não podíamos chegar a uma loja, nem sequer comprar uma agulha. Então aprendi a tecer, a fiar, eu fazia tudo o que os camponeses lá onde a gente morava faziam, e me interessava muito isso. Aprendi a fazer tricô, a fazer cestas, a fiar a lã, fazer sapatos... As coisas mais incríveis. Eu tinha de 11 a 13 anos quando tive essa experiência. Me interessava isso, eu gostava de fazer as coisas com as mãos (HAUNER, 2012a).*

Em 1943, Georgia estava já havia dois anos sem escola, mas teve aulas particulares e conseguiu retornar ao colégio em Teramo, mudando-se um ano depois para Roma, onde começou o colegial no Liceo Artistico. Em 1946, entretanto, a família decidiu que Vittorio iria para São Paulo assumir uma fábrica Stock que ali existia e estava passando por dificuldades financeiras. Georgia tinha então 15 anos, havia sobrevivido à Segunda Guerra Mundial, se deslocado entre países com ocupações nazistas, fascistas e stalinistas, tido aulas em quatro línguas e dois alfabetos, vivido entre a extrema pobreza e a alta cultura, e não há como ignorar o profundo impacto dessas experiências em sua formação e visão de mundo.

Chegando ao Brasil, a família foi morar em Santo André, provavelmente em função da localização da fábrica administrada pelo pai. A essa altura, a situação econômica da família se estabilizava, e Georgia pôde terminar o colegial na Graded School, na capital paulista, aprendendo inglês e português simultaneamente. Ao se formar, mudou-se para os Estados Unidos para cursar Advertising & Illustration, na Art Center School, em Los Angeles. Lá, morou em uma associação cristã de moças, perto de Hollywood, na qual viviam atrizes aspirantes que a levavam para conhecer os estúdios das grandes companhias: "às vezes alguém me levava e eu ia ver esses cenários que preparavam para filmes, e me interessava muitíssimo. Foi isso uma das coisas que despertou meu interesse nas fotografias e na cenografia para interiores" (HAUNER, 2012a).

No curso de propaganda e ilustração, na Califórnia, Georgia diz ter aprendido novas técnicas de desenho e pintura e se interessado por arte moderna, mas precisou voltar ao Brasil para renovar seu visto e, nesse meio tempo, começou a trabalhar em uma agência de publicidade em São Paulo, de forma que não voltou aos Estados Unidos para terminar a faculdade. Segundo ela,

Eu comecei a trabalhar em artes na agência como assistente do estúdio do diretor de arte, mas depois os sócios da agência descobriram que eu falava cinco línguas e me ofereceram um grande aumento para eu trabalhar de contato. Só que aí eu descobri que vender publicidade não era coisa que eu queria fazer, então saí. O que eu realmente queria fazer era trabalhar na Artesanal, que era o lugar que mais me atraía em São Paulo. Não havia nada que se comparasse com a Artesanal como imagem de móveis, de interiores, de design, que era o que me interessava na época (HAUNER, 2012a).

Quando viu a placa na frente da Artesanal procurando desenhistas, candidatou-se à vaga e Sergio Rodrigues a entrevistou, conforme ele se recordou:

A Georgia veio com uma pasta grande, trazendo desenhos e outras coisas ali dentro. E eu disse: "vamos ver o que você tem aí". Aí ela abriu as pastas e, estava engraçado – quem estava vendo isso eram Martin Eisler e outros da diretoria –, ela mostrou só desenhos de peixes, desenhos de campos, não coisas de arquitetura nem nada. Mas eu achei tão bem feito, com um acabamento tão bom, soube que ela esteve nos Estados Unidos e que fez cursos lá. E ela ficou encantada com o meu desenho, com a minha maneira de apresentar e, vamos dizer assim, defender os projetos (RODRIGUES, 2012).

Georgia foi contratada e ajudava Sergio no atendimento aos clientes, fazendo plantas com a distribuição dos móveis nos ambientes. Um dia, Carlo lhe pediu que organizasse os móveis do primeiro andar e, como gostou do resultado, a encarregou de montar as vitrines e espaços internos da loja dali em diante [Fig. 7]. Sobre esse momento, ela atestou que:

Fig. 7: Vitrine da Galeria Artesanal com mesa fruteira, espreguiçadeira, cadeira de palha, churrasqueira e lâmpadas de chão. "Móveis da Galeria Artesanal – S. Paulo". *AD Arquitetura e Decoração*, São Paulo, p. 24. dez-jan. 1954.

Aos poucos, fui ficando mais arrojada. Eu queria atrair o público para a loja e comecei a fazer coisas mais fora do comum, por exemplo: me lembro de uma fruteira imensa de cobre, que era um móvel que estava na vitrine, e um dia eu falei que eu queria ir à feira para comprar frutas e verduras para enchê-la. Então um dos sócios ali me ofereceu um carro com motorista para ir à feira e eu comprei laranjas, berinjelas e coisas de cores muito vivas, enchi essa fruteira na vitrine, e começou a atrair gente! (...) todo mundo notou que havia um movimento novo lá dentro (HAUNER, 2012a).

Ernesto Hauner naquele momento produzia móveis para a Artesanal em sua própria marcenaria, e abriu uma loja com Carlo para vender objetos de decoração na rua Augusta, chamada Forma. Em 1955, ele se tornou sócio também da H. Cerâmica e no mesmo ano casou-se com Georgia Morpurgo, que havia conhecido na Artesanal um ano antes, tendo Sergio Rodrigues, Herbert Duschenes e suas respectivas esposas como seus padrinhos e madrinhas [Fig. 8].

De maneira mais ou menos orgânica, Artesanal e Forma se fundiram em uma única empresa entre 1954 e 1955, e, por motivos distintos, Carlo Hauner e Sergio Rodrigues venderam suas ações no empreendimento, voltando o primeiro para a Itália e o segundo para o Rio de Janeiro. Ainda em 1955, Rodrigues fundou sua própria empresa, a Oca, que começou vendendo móveis da Ambiente e da Forma, mas logo desenvolveu os próprios desenhos e abriu uma pequena fábrica.

Com as economias dele e de Georgia, Ernesto comprou as ações de Carlo e permaneceu na Forma, enquanto ela se afastou do trabalho, pois planejavam começar uma família e ela cuidaria do lar. Em 1957, entretanto, o casal decidiu também vender as ações da Forma e, com um filho recém-nascido e outro a caminho, voltaram à Itália em busca de mais formação. Passaram um ano lá, mas não se adaptaram. Nesse meio tempo, no entanto, pesquisaram o mercado italiano de design em lojas, exposições e mercados. Em entrevista, Georgia se lembrou que:

Fig. 8: Georgia e Ernesto Hauner. Fotocópia de fotografia, 1955. Acervo Georgia Hauner.

Roma era um lugar fascinante, então começamos a ver como se compunham as coisas nas vitrines modernas, mesmo de moda ou de móveis com peças antigas ou, enfim... Foi uma experiência interessante. Quando voltamos ao Brasil eu já tinha mais ideias novas do que antes de ir para lá (HAUNER, 2012a).

Naquele período, a Itália começava a se firmar como um dos centros de vanguarda em design no cenário mundial, com nomes como Giò Ponti, Mario Asnago, Claudio Vender e Franco Albini, ainda ligados à primeira geração de arquitetos racionalistas no país, e figuras mais jovens que logo viriam a se destacar internacionalmente,

design e designers | 49

como Vico Magistretti, Enzo Mari, Gae Aulenti, Marco Zanuso, entre outros. Desde então, consolidava-se lá a compreensão de que não era absolutamente necessário ser pró ou antimáquina, nem pró ou antidecoração. De acordo com Lesley Jackson (1996, pp. 14-15), essa produção italiana, assim como a escandinava, demonstrava justamente que o design poderia se exprimir por objetos feitos à mão e não apenas na produção em massa. Ainda segundo ela, a experiência da guerra havia tornado mais essencial do que nunca que esses impulsos criativos pudessem novamente encontrar meios de expressão.

Por sua origem, e pelo retorno de seu irmão para a Itália, Ernesto frequentou o país com regularidade nos anos seguintes, permanecendo em contato com essa produção. Os projetos que viria a desenvolver parecem ter se pautado solidamente nas condições locais para sua fabricação e com ambições a grande escala, mas há algo do caso italiano, que ele e Georgia levaram consigo, que não considerava a industrialização como uma solução integral. Esse pensamento também ecoava entre outros designers e arquitetos no Brasil, em parte por limitações técnicas e em parte pela própria linguagem escolhida para seus projetos.

A MOBILINEA DE ERNESTO E GEORGIA HAUNER

De volta a São Paulo em meados de 1958, Ernesto procurou alguns dos marceneiros que haviam trabalhado em sua antiga oficina dos tempos da Móveis Artesanal e recomeçou o negócio, com o nome de Ernesto Hauner Decorações (E.H.D.), iniciando suas atividades em abril de 1959. Segundo Ernesto, suas funções iniciais eram de presidente, tesoureiro, gerente de produção, designer e comprador de materiais.[28] Para os demais aspectos administrativos, contratou

---

28 Ernesto Hauner, *Resumé*, cit.

o amigo e engenheiro Jorge Kornbluh, que permaneceu um ano na empresa antes de dar prosseguimento aos seus estudos na França.

Os primeiros móveis divulgados pela E.H.D. foram estantes em madeira maciça sem revestimentos, enfatizando que eram modulares, componíveis e multiuso. A preocupação com as vendas ficava evidenciada pela afirmação de que eram uma "solução econômica" e que havia "facilitação de pagamento". Não eram peças muito diferentes da produção geral do período, e Georgia preparava ambientações com os móveis, no estúdio de um fotógrafo que morava na mesma rua que eles, para divulgação em periódicos. Os endereços para compra, divulgados nessas primeiras propagandas, indicavam locações na Santa Cecília, em São Paulo, onde era a fábrica, e Copacabana, no Rio de Janeiro, aproveitando o espaço da galeria carioca gerida pela irmã de Ernesto, Ada Hauner, e seu marido [Fig. 17].

Ernesto e Georgia Hauner vinham trilhando um caminho diverso ao dos designers, arquitetos e empresas mais diretamente ligados à produção arquitetônica que se pretendia "brasileira". Em todo caso, devido à construção de Brasília, havia um furor geral em relação ao crescimento do país e à afirmação de uma identidade nacional via produção arquitetônica, e a Mobilinea também teve seu papel na construção da nova capital. A convite de Darcy Ribeiro, Sergio Rodrigues estava desenhando móveis institucionais e de habitação estudantil para a Universidade de Brasília (UnB); porém, como a Oca ainda não tinha capacidade de produção para atender ao pedido no prazo, as peças foram produzidas na fábrica da E.H.D., o que pode ter gerado um volume inicial de produção importante.[29]

Com a expansão do negócio em função do aumento de pedidos de móveis à E.H.D., Ernesto precisou dedicar mais tempo ao desenvolvimento de projetos e técnicas de fabricação e, por isso, associou-se ao engenheiro John de Souza, que se focaria nos aspectos

---

29   Para mais detalhes sobre a participação da Mobilinea na produção de móveis para a UnB, cf. HUGERTH, 2014.

administrativos da empresa, além de entrar com novo capital. À época da parceria, John também dava aulas na FAU-USP em disciplinas de tecnologia.

O primeiro showroom da empresa veio em 1962, à rua Augusta, que nesse mesmo ano mudou de razão social: a data de início das atividades da Mobilinea na Junta Comercial do Estado de São Paulo é de setembro de 1962, embora o nome só tenha sido registrado em 1964. Enquanto a Ernesto Hauner Decorações fora registrada como "fabricação de móveis de vime ou junco ou com sua predominância" (o que efetivamente não correspondia à produção da empresa), a Mobilinea se enquadrou em "comércio varejista de móveis, objetos de arte, de decoração e de antiguidades" e passou a ser uma S. A., ou seja, uma sociedade de ações.

O nome Mobilinea vem das palavras italianas *mobile* e *linea*, que significam, respectivamente, móvel e linha. Em entrevista, Georgia disse que o nome anterior era sabidamente provisório, e que ela e Ernesto pensaram em diversas alternativas até encontrar um nome de que gostassem e, então, fizeram a mudança. Ela foi também responsável por criar o logotipo da empresa, com seu nome em caixa alta em fonte serifada.

Ainda em 1962, a fábrica se mudou do primeiro endereço e estabeleceu-se em um galpão maior na Barra Funda, empregando cerca de 80 funcionários que produziam móveis em jacarandá e amendoim maciços, modulares, ortogonais e utilitários, com produção seriada, mas semiartesanal. Ernesto levava alguns protótipos dos novos móveis que desenhava para casa, para que Georgia desse sua opinião de "dona de casa": "minha função", segundo ela, "era verificar se as peças eram à prova de crianças, animais que se tem em casa e outros problemas domésticos".[30] Para ter uma fonte de renda própria, ela decidiu fazer luminárias em papel dobrado e as colocou para venda nas lojas, de forma que foi progressivamente

---

30   "Decoração de Joia". *Joia*, Rio de janeiro, n. 162, p. 76, fev. 1967. Caderno Especial.

voltando ao mercado de trabalho, responsabilizando-se pela criação de imagens publicitárias e da cenografia das lojas da empresa [Figs. 34-35].

A primeira grande afirmação da Mobilinea no campo do design nacional foi pintar suas peças em cores fortes, aproveitando os mesmos produtos que já eram comercializados em madeiras maciças sem revestimentos. Seu lançamento se deu em um anúncio publicado em 1965 em Casa & Jardim, na primeira aparição de móveis modernos coloridos na revista.[31] O que tornava a propaganda marcante, até mais do que a cadeira amarela vibrante, era seu assento revestido por um tecido estampado, bordado a mão, um vaso de flores silvestres e patinhos caminhando livremente sobre a mesa, o que contribuiu para a composição de uma imagem curiosa [Fig. 19].

A partir de então, a empresa passou a comercializar principalmente móveis pintados, e relatos de funcionários da Mobilinea em entrevistas para esta pesquisa apontaram que outras marcas a seguiram, mas que a Mobilinea conseguira desenvolver técnicas de melhor acabamento, tornando-se uma referência no meio [Fig. 9]. Nota-se que essa escolha assinala não apenas uma opção econômica e de nicho de mercado, mas a eleição de uma linguagem já efetivamente desvinculada de uma busca por algum tipo de identidade nacional exclusiva. Ainda assim, Georgia acredita que os móveis da empresa só poderiam ter sido desenvolvidos no Brasil, por um lado pela população aberta e animada a aceitar novidades, de certa forma provindas do crescimento econômico do país naqueles anos, por outro pela diversidade cultural gerada pelos fluxos imigratórios, dos quais os fundadores da Mobilinea, como grande parte dos designers atuantes no país, eram parte:

---

31 Evidentemente, pintar móveis não era uma prática inédita, tampouco exclusiva da Mobilinea. A novidade aqui era a combinação da linguagem das peças com as cores utilizadas, que já se via em algumas revistas estrangeiras.

Fig. 9: Cenário criado para propaganda da Mobilínea, com móveis laqueados em branco e luminária de papel feita por Georgia Hauner. Imagem de *slide*. [s.d.]. Acervo Georgia Hauner.

Eu acho que o Ernesto sabia que a base das coisas era a simplicidade, e o bom design era internacionalmente aceito. Não havia nenhum motivo de orgulho nacional, patriotismo, brasileirismo ou italianismo nele. As ideias eram completamente voltadas para o bom produto, o uso universal daquilo que ele fazia (HAUNER, 2012b).

De fato, todas as linhas lançadas pela Mobilinea partilhavam de preocupações como modulação, durabilidade e versatilidade do projeto da peça individualmente, em suas configurações possíveis e em diferentes espaços domésticos, ao mesmo tempo que havia um cuidado para que esse pragmatismo não resultasse em austeridade em função de escolhas de acabamento. Paralelamente, linhas de móveis para escritório vinham sendo desenvolvidas por Ernesto desde as primeiras estantes com escrivaninhas e cadeiras, produzidas sob as mesmas premissas das peças residenciais, sem hierarquia no piso da fábrica.

Em 1965, a Mobilinea já tinha duas lojas em São Paulo, uma no Rio de Janeiro e revendas em Belo Horizonte e Salvador. No ano seguinte, foram convidados a abrir uma loja no futuro Shopping Iguatemi, em São Paulo, e o espaço interno e vitrines foram planejados por Georgia para serem usados em peças publicitárias, o que ocorreu com frequência maior a partir desse empreendimento. Alguns objetos artesanais que ela vinha produzindo para as propagandas foram expostos e passaram a ser vendidos ali, além de uma série de pequenos artigos selecionados pela equipe de vendas [Figs. 10; 36-45].

Fica evidente nos espaços expositivos e propagandas divulgadas nesse momento, sempre dirigidas por Georgia Hauner, que a ideia de móveis industriais complementados e contrapostos a objetos artesanais, informais ou inusitados amadurecera desde as experiências na Artesanal, e a sensação de intimidade trazida pelos complementos decorativos – muitos dos quais concebidos especialmente para tal ou qual peça, vitrine ou fotografia – era impactante. Como ela declarou,

Fig. 10: Ambientes de jantar na loja da Mobilinea no Shopping Iguatemi. Imagem de *slide*. [s.d.]. Acervo Georgia Hauner.

Os móveis da Mobilinea não podem ser separados da imagem total. O tecido do estofamento, o chão no qual foram colocados, os objetos em volta, as modelos nas fotografias fazem parte do design. Os anúncios publicados nas revistas e as fotografias para promoções e catálogos também participam no contexto da imagem Mobilinea.[32]

Como influências em seus trabalhos, Georgia citou os fotógrafos Otto Stupakoff e Yllen Kerr, os artistas Wesley Duke Lee e Paulo Becker e o arquiteto Sergio Rodrigues, muitos dos quais contribuíam com a revista *Senhor* e inseriam uma dose de humor no modo de apresentar o moderno, "zombavam da formalidade dos ambientes estabelecidos",[33] fazendo parte do espírito da época e com caráter brasileiro. Georgia lembrou-se também de Waldemar Cordeiro, amigo com quem seu pai "tinha longas discussões sobre arte e filosofia"[34] e que lhe havia encorajado a buscar um emprego na Artesanal; e, finalmente, Suzana e Roberto Coelho Cardoso, paisagistas cuja residência mesclava ambientes interiores e exteriores com plantas diversas.[35] Eram influências de fora do mundo do design, mas que para Georgia representavam o que havia de mais atual nas maneiras de viver. Além disso, ela assinava os periódicos italianos *Abitare*, *Domus* e *Oggi*, o alemão *Schöner Wolmen*, o americano *Ladies' Home Journal*, e revistas de moda como *Vogue* e *Marie Claire*, onde comparava a produção estrangeira de arquitetura, design, ambientes domésticos e comportamento.

Desde 1964, o país vivia em uma ditadura militar que vinha restringindo direitos civis, mas esse contexto não parece ter inicialmente produzido consequências diretas sobre o trabalho da Mobilinea. São Paulo era a maior cidade do país e todos os grandes municípios brasileiros cresciam em ritmo acelerado, o que implicou em mudanças na produção imobiliária e nas condições habitacionais.

---

32 Georgia Hauner, *Carta para Mina*, p. 1, 2013. Texto não publicado.

33 *Ibidem*.

34 Georgia Hauner, *Showrooms, fotografias, artesanato*, p. 2, 2011. Texto não publicado.

35 Georgia iria chamar Suzana Coelho Cardoso para trabalhar com ela em *Claudia*, elaborando editoriais de paisagismo em 1969.

design e designers | 57

Consequentemente, o interior doméstico,[36] principalmente para as novas classes médias urbanas, assumiu o papel de um lugar para se distanciar de condições adversas das grandes cidades, instituindo novos padrões de comodidade e privacidade guiados pela expansão do consumo. Ao longo da década, é visível em revistas como *Casa & Jardim* que as habitações de classe média se tornavam menores, surgindo novas configurações familiares, e as empresas de móveis também tinham que responder a isso.

Ernesto viajava frequentemente para a Europa, bem como para os Estados Unidos e outros países da América Latina, e nessas viagens se atualizava da produção internacional para a criação de novos desenhos. Também foi bastante ao norte do Brasil, onde pesquisava matérias-primas, embora as madeiras fossem compradas em São Paulo, sob sua supervisão. Georgia e Ernesto realizaram uma longa viagem juntos em 1967 para Nova York, Montreal, Londres, Oslo, Estocolmo, Helsinki, Copenhagen, Paris e Milão, para visitar lojas e fabricantes, e voltaram com novas inspirações. No Canadá, visitaram a 1967 International and Universal Exposition (Expo 67), que acontecia em Montreal. O tema "Man and His World", que apresentava novidades de 62 países, os impressionou pelo uso de novas tecnologias e pesquisas sobre os modos de morar. A Finlândia também marcou Georgia:

> *Helsinki me impressionou muito, porque já era novembro e tinha poucas horas de luz por dia, muita neblina, as ruas estavam escuras e parecia um clima um pouco deprimente. No entanto, as vitrines das lojas tinham uma vivacidade, um design maravilhoso, cores quentes e coisas que derretiam a alma. Então me animei muito com isso e me inspirei muito nas cores, combinações de cores, moda, não só os móveis. [...] Fiquei animada com aquilo, pensando: "bom, se aqui com esse clima, essa escuridão, essa neblina, eles conseguem fazer essa maravilha, imagina no Brasil!" (HAUNER, 2012b).*

---

36 Marinês Ribeiro dos Santos define o interior doméstico como o arranjo interno da moradia, definido tanto pelo espaço arquitetônico quanto "pela disposição dos móveis e demais artefatos de uso ou decorativos escolhidos para organizar funcional e simbolicamente a vida cotidiana". Ela entende que o resultado desses arranjos ocorre em diálogo entre o foro individual e o conjunto de valores em circulação no mundo social (cf. SANTOS, 2010, p. 26).

Após essa viagem, tanto o desenho dos móveis quanto suas ambientações mais do que nunca buscavam transmitir uma sintonia com as tendências estéticas do período, ecoando a emergência da cultura pop nacional e internacionalmente. É possível identificar como influências na imagem da Mobilinea nesse momento os movimentos musicais da Bossa Nova e da psicodelia inglesa e norte-americana; as roupas desenhadas pelo francês André Courrèges, com seus ângulos geométricos, feitas em plástico e metal e exibindo os corpos femininos, ou da inglesa Mary Quant, que promoveram a cultura Mod e a minissaia; a estética da era espacial trazida pela viagem do homem à Lua e o lançamento de novos materiais sintéticos com superfícies lisas e brancas; a criatividade artesanal escandinava, cuja maior representante era a empresa de tecidos finlandesa Marimekko; e a própria arte pop brasileira e estrangeira.

Em 1968, Tomaz Souto Corrêa, então editor de *Claudia*, convidou Georgia Hauner para ser a nova editora de decoração da revista e seus números especiais, com a função de promover a indústria nacional de design. Nas páginas das revistas, ela criou imagens inovadoras, misturando produtos de várias empresas em um mesmo ambiente, apresentando possibilidades de incorporação de arte à decoração para várias faixas de renda e brincando com a maneira como as fotos eram feitas. Nos poucos textos que escreveu para artigos, nota-se um desejo de incentivar as donas de casa a se apropriarem do espaço doméstico e a confiarem no próprio gosto.

Georgia trabalhou para *Claudia* até 1970 pois, além da demanda de trabalho gerada pela Mobilinea, seus depoimentos indicam que o volume de trabalho e os prazos da Abril eram extenuantes. Ainda assim, essa experiência em *Claudia* lhe permitiu testar novas formas de apresentar design que depois foram reaplicadas em fotos para a empresa. Por meio de anúncios e editoriais, foram divulgados não só o lançamento de novas linhas, mas também a maneira como os móveis poderiam ser dispostos, os complementos ideais para a casa e um tipo de vida desejável que se associava a isso. Como ela diz, a produção dessas fotos era dispendiosa, de modo a ser necessário otimizá-las para terem o maior impacto possível:

É importante lembrar que uma fotografia para revista tem que ter uma composição equilibrada, como um quadro. Precisa ter um elemento que chame a atenção, e precisa contar uma história para prender a atenção de quem olha. Algum elemento de surpresa também é importante. Uma reportagem de revista de uma página a cores, mais a produção com despesas de modelo, um bom fotógrafo com todo o equipamento, etc. tem um custo tão elevado, que não vale a pena fazer, a menos que a imagem transmita alguma emoção ao leitor.[37]

Quando Georgia precisava construir um cenário maior para a produção de fotos da Mobilinea, e mesmo para *Claudia*, usava os espaços da fábrica e a mão-de-obra dos funcionários, como o chefe de montagem Carmine e o encarregado de produção Colominas (imigrantes italiano e catalão, respectivamente), que a ajudavam na construção dos cenários; a chefe de tapeçaria Irene, que a auxiliava com estofamentos e acabamento de artesanatos; e Ernestinho, que fazia os moldes dos móveis em fiberglass, era responsável pela laqueação das peças em madeira e tinha habilidade para fazer grandes painéis decorativos (foi responsável pelos desenhos no "palco" do Shopping Iguatemi e da loja da São Luiz). Outros nomes mencionados em depoimentos como tendo uma atuação importante na fábrica foram Jazel, que inicialmente trabalhara na loja do Rio e depois passou a cuidar de assuntos contábeis; Plínio de Cerqueira Leite, que ajudava Ernesto com questões técnicas da produção; e Yone Koseki Pierre.[38]

Formada em arquitetura na FAU-USP em 1963, Yone começou a trabalhar na Mobilinea fazendo projetos de layout para clientes na loja da rua Augusta, mas depois migrou para a fábrica e passou a trabalhar diretamente para Ernesto, principalmente em projetos para concorrências de mobiliário em grandes edifícios, como hotéis e órgãos públicos. Ela contou que não eram desenhadas novas peças para esses fins, mas sim usadas as várias linhas da Mobilinea, eventualmente com alguma adaptação para o local específico. Yone

---

37 Georgia Hauner, *Segunda parte de respostas*, p. 8, 2012. Texto não publicado.

38 Yone Koseki nasceu em Pereira Barreto, interior do estado de São Paulo, de pai japonês e mãe descendente de imigrantes do mesmo país (cf. PIERRE, 2014).

não se lembra de terem ganhado muitas dessas concorrências, mas foi a partir delas que começaram a fazer móveis para o Banco Itaú, que se desenvolveu em uma linha exclusiva.

Ainda no período em que Yone estava na loja da Augusta, foi contratada como sua assistente Judit Magyary,[39] formada em um curso de decoração de interiores pela Fundação Armando Alvares Penteado (FAAP) em São Paulo.[40] Até 1966, a gerente dessa loja fora uma moça chamada Monica, mas com a inauguração da loja no Shopping Iguatemi, ela foi transferida para lá e entrou em seu lugar Bibita Butcher[41] que, como Judit, havia passado por um curto período de treinamento com Ada Hauner no segundo endereço da empresa até então, à avenida São Luiz, no centro da cidade. O relato delas sobre o impacto inicial de trabalhar na Mobilinea foi de terem se sentido em um ambiente inovador e de se impressionarem com a pouca idade dos sócios.

A loja no Shopping Iguatemi logo se tornou a sede principal da Mobilinea e foi a que contou com o maior número de vendedoras. Depoimentos das entrevistadas atestam que eram todas mulheres e, pelo que se pode aferir, algumas delas tinham formação em decoração de interiores e outras não. Também citaram que a maioria trabalhou na loja por pouco tempo, pois saíam ao se casar ou engravidar. Salvo algumas exceções de mulheres na fábrica e do arquiteto Wilson Chica, que viria a trabalhar nas lojas da Mobilinea alguns anos depois, a divisão de gênero entre a fábrica e as lojas parece ter sido bastante evidente.

---

39   Judit Magyary nasceu em Budapeste, na Hungria. A família passou um curto período em um campo para refugiados de guerra na Itália, antes de virem para o Brasil em 1951. Seu pai era bancário mas tinha interesse em artes, e sua mãe era formada em desenho industrial com especialização em estamparia têxtil (cf. MAGYARY, 2014).

40   Entre o corpo docente do curso de decoração que realizou na FAAP, Judit lembra-se dos professores Ideo Bava e Gontran Guanaes, e de que o ensino de alguma forma era uma dissidência do Iadê, curso de decoração na capital paulista (cf. MAGYARY, 2014).

41   Nascida de pai inglês e mãe brasileira, Bibita Butcher conheceu a Mobilinea inicialmente porque sua mãe dava aulas de inglês para Ada Hauner (cf. BUTCHER, 2014).

design e designers | 61

Ainda em 1968, a Mobilinea havia comprado um terreno de 21.200 m² no Campo Limpo para construir uma nova fábrica, que se tornaria um edifício de 6.500 m², inaugurado em 1973. Na área também foi construído um ambulatório, com médico e dentista, para atender aos funcionários, muitos dos quais vieram a construir suas casas no entorno do terreno. Embora não haja dados sobre o volume de produção, supõe-se que já fosse grande e que continuava em crescimento.

Na segunda metade da década de 1960, as discussões acerca do design no país chegaram a um ponto de maturidade que, como veremos a seguir, levou às primeiras exposições e prêmios ligados à área, na qual a Mobilinea foi regularmente reconhecida. Uma das linhas selecionadas para homenagens foi lançada em 1970 e era composta por peças em aço, fiberglass, poliéster e acrílico, todos materiais relativamente novos no mercado e inéditos na produção da empresa [Figs. 11; 24-25].

A militância para que se superasse o uso de madeira maciça como única matéria-prima era uma bandeira de Ernesto há alguns anos, assim como um desejo por mais avanço na industrialização nacional. Em 1971, ele declarou à revista *Projeto & Construção*: "hoje, o móvel, como os veículos, deve sair de uma linha de montagem, passando por todas as fases de controle, obedecendo os mesmos padrões de precisão. Não podemos nos referir à indústria de móveis em termos de marcenaria".[42] Ainda assim, em 1971 outra grande linha foi lançada, retornando à produção em chapas de madeira, porém com as vantagens de entrega em 24 horas e parcelamento da compra. Batizada de Prêt-à-Porter, termo emprestado do mundo da moda, essas peças tinham um desenho similar ao que a Mobilinea já vinha realizando, mas davam um passo adiante no rigor produtivo.

Seu lançamento aconteceu em um editorial para a revista *Casa & Jardim* com os móveis arranjados livremente sobre arquibancadas, representando salas de estar, de jantar, quarto de casal e de

---

42   "Arquitetura de interiores no Brasil". *Projeto & Construção*, São Paulo, n. 2, p. 42, jan. 1971.

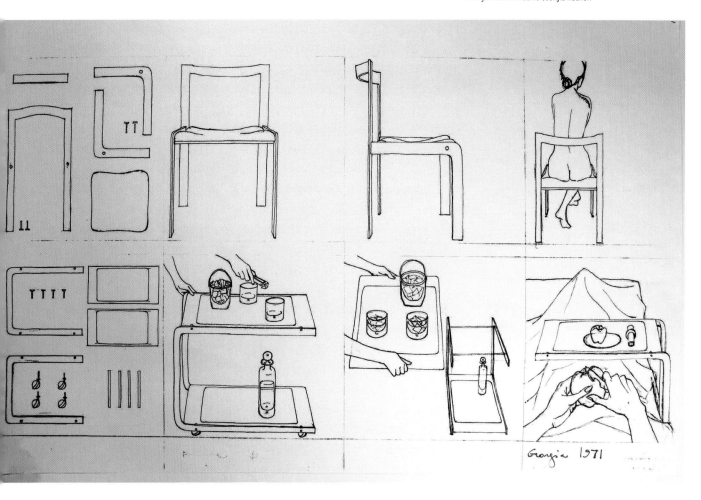

Fig. 11: Layout para fotografias de divulgação da cadeira e do carrinho de chá em aço e fiberglass, feito por Georgia Hauner. Acervo Georgia Hauner.

solteiro. A rigidez da disposição era quebrada não só pelas cores – os degraus foram pintados em listras verdes e azuis, os móveis eram laqueados de branco e os estofados eram cor de laranja – mas também porque cada ambiente vinha complementado por frutas dispostas entre as peças. As bananas em meio aos móveis de estar poderiam remeter a preços baixos, assim como as jacas junto às peças do quarto de solteiro denunciavam que a Mobilinea era sem dúvida uma empresa brasileira [Fig. 12].

Em entrevista concedida à revista *Arquitetura* em 1965, Ernesto já havia dito que, para que fosse possível exportar móveis, era preciso haver incentivo a publicações, exposições e feiras internacionais, o que até certo ponto aconteceria nos anos seguintes. Chegou a ser firmada uma parceria entre a Mobilinea e a empresa mexicana Lopez Morton S. A., que iria fabricar e comercializar sua linha de escritórios no México sob o nome de KX Mobilinea. Houve também uma tentativa de vender móveis no Panamá, que seriam exportados prontos do Brasil, e uma primeira leva chegou a ser enviada, provavelmente no fim da década de 1960. Em ambos os casos, entretanto, houve problemas de ordem administrativa e as parcerias foram descontinuadas, conforme Georgia relatou: "não lembro bem os motivos, mas acho que burocracia foi o obstáculo principal para impedir que os contatos iniciais levassem a bons resultados".[43]

O contexto brasileiro naquele momento abarcava tanto o estímulo ao crescimento quanto tendências fortemente conservadoras e repressivas, fosse na política ou na cultura, o que levou à prisão de John de Souza, então sócio de Ernesto, e sua esposa, Maria do Carmo Campello de Souza, conhecida como Carmute, em 1970, por supostas atividades subversivas. Segundo depoimentos dos entrevistados durante a pesquisa, a polícia encontrou o fusca do irmão de Carmute (que era militante de grupos de esquerda) estacionado em frente ao prédio do casal no Sumaré, então sua irmã e cunhado foram presos em seu lugar. Quando isso ocorreu, Ernesto estava na Itália e Georgia foi instruída a não contar para ninguém o que estava acontecendo e não conversar com ele por telefone, pois suas ligações poderiam ser interceptadas. No dia em que Ernesto retornou, ela foi com o concunhado buscá-lo no aeroporto, com a suspeita de que ele seria preso ao desembarcar, mas isso não aconteceu. Os Hauner e outros funcionários tentaram ajudar John e Carmute por meio do consulado inglês ou contatando seus familiares, mas não tiveram sucesso em seus esforços.

Durante o período em que o casal esteve preso, a Mobilinea manteve suas atividades normais, mas em um clima de insegurança, com telefones grampeados e Ernesto sobrecarregado por estar

---

43   Georgia Hauner, *Respostas sobre a Mobilinea*, 2013. Texto não publicado.

Fig. 12: Editorial apresentando a linha Prêt-à-Porter – Sala de estar. "C. J. Visita... Mobilinea". *Casa & Jardim*, Rio de Janeiro, n. 198, pp. 42-43. jul. 1971. Acervo Editora Globo S. A./Agência O Globo.

cobrindo as funções do sócio. Cerca de um ano depois, John e Carmute foram soltos e ele voltou ao trabalho, mas é difícil crer que algo mais profundo não tenha mudado na empresa em decorrência dessa situação.

Ainda assim, a Mobilinea crescia e, em 1972, os sócios decidiram abrir uma nova loja onde fosse possível comprar uma ampla gama de produtos domésticos em um único endereço, que seria a primeira do tipo no país: a Home Store. O showroom iria misturar os produtos das empresas participantes do mesmo modo que Georgia fizera nos editoriais para as revistas da Abril, experiência que contribuíra para um clima de confiança entre as concorrentes, e, com efeito, aquelas promovidas em *Claudia* e as convidadas para a nova sociedade eram em grande medida as mesmas. Nesse sentido, a Home Store sintetizou muitos dos esforços anteriores da Mobilinea na promoção dos móveis modernos, unindo peças industriais diversas com objetos decorativos e artesanais, e criando ambientes ao mesmo tempo chocantes, vendáveis e habitáveis. Judit Magyary e Wilson Chica coordenavam o atendimento ao cliente e Ada Hauner também passou a trabalhar lá, administrando a área de vendas da linha de escritórios [Figs. 61-67].

Para viabilizar o novo empreendimento, novos sócios entraram na empresa, entre os quais Marcel Marmor, que havia trabalhado anteriormente na Hobjeto e é mencionado em alguns dos documentos que discutem a criação da loja. Tudo indica que foi a partir da entrada desses novos sócios e da criação da Home Store – que poderia ser o grande ápice da Mobilinea – que começou também seu declínio nos moldes como havia sido concebida.

Yone Koseki Pierre saiu da empresa no início dos anos 1970, mesmo período em que Bibita Butcher foi demitida (após uma pausa, foi trabalhar na loja da Hobjeto à rua Iguatemi); Judit Magyary e Wilson Chica, àquela altura casados, também se desligaram da empresa para passar um período na Europa. Vinham surgindo divergências sobre os rumos da empresa e suspeitas de desvios de dinheiro dentro da própria Mobilinea, pois John e Ernesto tinham perdido o controle administrativo. Nesse sentido, a entrada de novos sócios representava, além de uma reestruturação financeira, um esforço em criar uma gestão mais organizada a fim de combater essas práticas, mas com isso ocorreu uma despersonalização da empresa também em um nível criativo.

Em relação a esse grupo de funcionários "originais", se é que se pode chamar assim, deve ser enfatizado o profundo respeito mútuo que havia entre eles, com elogios generosos tecidos durante os depoimentos para essa pesquisa, especialmente em relação aos Hauner. Segundo Georgia, os funcionários da fábrica apelidaram Ernesto de "pai" e ela era, consequentemente, a "mãe", o que dava a eles uma sensação de reconhecimento, mas também de uma responsabilidade muito grande.

Todos esses fatores criaram um quadro complexo em que o casal era valorizado tanto internamente quanto no ramo do design no país, ao mesmo tempo que sofriam pressões internas e tinham a sensação de que nunca se integrariam completamente no Brasil. Essa série de fatores os levou a questionar sua permanência no país, como Georgia explicou:

> *Nós sempre quisemos sair do Brasil. Achávamos muito difícil nos adaptar a viver entre os grandes contrastes do Brasil e a ideia sempre foi de sair um dia. [...] Para a Europa nós não queríamos voltar porque já tínhamos falhado uma vez. Mas o Ernesto sempre dizia que ele queria viver num país onde ele pudesse trabalhar tranquilamente e pagar os impostos devidos, e não levar aquela vida de ânsia constante na corrupção, e tendo que pagar aqui e ali, de insegurança. [...] Também nos abalou bastante a situação do John, e a gente não queria reviver mais os tempos do passado europeu. Os nossos filhos já estavam fora do Brasil, o Kim estava em Stanford, estudando em Palo Alto, na Califórnia, e o Mike nós tínhamos mandado acabar o high school na Suíça. [...] Daí nossos filhos nos escreviam falando "olha, vocês não estão ficando mais jovens, se vocês querem sair do Brasil, é melhor agora do que depois". Nós dois já estávamos com 45 anos, então resolvemos que se a gente ia começar a vida de novo em outro lugar, era agora ou nunca (HAUNER, 2012c).*

Assim, em 1975, o casal anunciou que deixaria a empresa e o Brasil, e, pouco antes de partir, Ernesto vendeu suas ações a um empresário chamado Salvatore Ambrosino. Ada continuou trabalhando na Mobilinea até se aposentar e, quando questionada sobre mudanças em seu trabalho com a saída do irmão e da cunhada, disse:

Eu sempre procurei fazer um trabalho sério e positivo. Não houve diferença. Quer dizer, a coisa virou mais comercial, isso sim. Porque na época da Georgia e do Ernesto, era mais importante a parte intelectual de toda a organização do que a comercial. Eles indo embora, virou mais comercial (HAUNER, 2012).

Judit Magyary, que após uma temporada na Europa retornou à Mobilinea, tem opinião semelhante: "quando o Ernesto e a Georgia existiam, tudo era diálogo, tudo era folia para a gente. Depois que eles foram embora, tudo virou burocracia" (MAGYARY, 2014). Evidentemente, são opiniões de pessoas que viveram determinada experiência e em alguns aspectos discordam dos rumos que se seguiram, mas o que fica claro é que houve mudanças drásticas na direção da Mobilinea, das quais a mais notável foi a gradual substituição dos produtos comercializados. Ernesto deixou seus projetos e respectivos direitos de produção na empresa, então a transformação pela qual ela passou se deu, de fato, com a opção de não dar continuidade à produção de peças com aquela linguagem.

Georgia e Ernesto tiveram mais uma breve passagem pela Itália e depois imigraram permanentemente para Vancouver, no Canadá. Lá, fundaram uma fábrica de produtos de vidro e cerâmica chamada Interstyle, em 1977, que ainda está em atividade e é atualmente gerida por seus dois filhos.

CIRCUITOS E CONFLUÊNCIAS
NOS ANOS 1960 E 1970

Quando a Móveis Artesanal se relançou como Forma, inicialmente continuou vendendo os móveis desenhados por Martin Eisler e Carlo Hauner, mas em 1959 licenciou-se para produzir peças da Knoll International,[44] tornando-se sua representante oficial no Brasil. Embora eles também tenham aparecido em mais de uma ocasião em editoriais mistos com a Mobilinea, os modelos comercializados pela Forma tinham uma estética mais luxuosa, eram mais caros e atendiam a uma demanda por peças assinadas e exclusivas.

Como vimos, Sergio Rodrigues retornou ao Rio de Janeiro ao se desligar da Artesanal, inaugurando a Oca ainda em 1955, e em 1956 fundou uma fábrica para a produção de suas peças, batizada de Taba. Embora seus móveis, em sua vasta maioria feitos em madeiras maciças com estofados em couro ou palhinha, jamais tenham sido produzidos em escala industrial, seu impacto cultural foi grande. Assim como no Studio Palma, na Artesanal, na Forma e na Mobilinea, a Oca expunha obras de arte e também funcionava como galeria. Em 1957, Rodrigues desenhou a Poltrona Mole para o amigo e fotógrafo Otto Stupakoff, em jacarandá maciço, com perfis roliços e grandes almofadas de couro apoiadas em percintas. Essa poltrona concorreu, com pequenas modificações e sob o nome de Sheriff, no Concorso Internazionale del Mobile, em 1961, em Cantù, na Itália, onde obteve o primeiro prêmio. Ao contrário da estética delgada dos anos 1950, o móvel da Oca tinha perfis mais grossos e estofados volumosos, em consonância com posturas corporais descontraídas que marcariam a próxima década [Fig. 13].

Em meados dos anos 1960, Rodrigues inaugurou a Meia-Pataca, loja irmã da Oca, que vendia móveis também desenhados por ele,

---

44 A Knoll foi fundada em Nova York em 1938 pelo imigrante alemão Hans G. Knoll, como uma fábrica e loja de móveis para ambientes modernos. A partir de 1946, sua esposa Florence Knoll e ele buscaram designers proeminentes no período para criar seus produtos, como Eero Saarinen, Harry Bertoia e Mies Van Der Rohe. O lema da empresa à época era "bom design é bom negócio" (cf. RAIZMAN, 2003).

Fig. 13: Poltrona Mole, de Sergio Rodrigues. Acervo Instituto Sergio Rodrigues. Foto: Paulo Affonso Agapito da Veiga.

porém de execução mais simples e, portanto, mais baratos, que foram comprados principalmente para mobiliar casas de veraneio. Nenhuma de suas empresas competiu diretamente com a Mobilinea: na Oca, os móveis eram mais caros e funcionavam como elementos de destaque em um ambiente, quase como uma obra de arte; já a Meia-Pataca, embora com custos um pouco inferiores aos da Mobilinea, tinha uma proposta mais rústica. Apesar disso, a proximidade entre Sergio Rodrigues e os Hauner ultrapassou a parceria na Artesanal: em 1962, Sergio e Ernesto se associaram para fabricar na E.H.D. os móveis que o primeiro projetara para a nova universidade federal em Brasília (cf. CALHEIROS, MARI e RUFINONI (orgs.), 2014); assim como os móveis da embaixada brasileira em Roma, encomendados a Sergio pelo embaixador Hugo Gouthier, foram fabricados na Forma di Brescia, empresa que Carlo Hauner fundou naquela cidade após seu retorno à Itália.

Esse tipo de parceria não era inusitado, assim como era habitual os designers se conhecerem e frequentarem os mesmos circuitos. Em sua diversidade, os móveis modernos compartilhavam uma estética despojada de ornamentos, despreocupada com uma concepção mais elitizada de luxo e sem ligações diretas com o passado. Eram concebidos para contextos urbanos e imóveis recentemente construídos, especialmente considerando consumidores que, à semelhança da maioria de seus idealizadores, provinham de outros lugares, camadas sociais e tradições culturais, e estavam começando vida nova com poucas heranças familiares ou nacionais a conservar.

À vista disso, se por um lado as empresas de design moderno do período tinham interesse em dizer que seus móveis eram acessíveis, por outro não queriam que fossem equiparados a algo de baixa qualidade ou que remetessem a um estilo de vida indesejável. Assim, essas empresas tinham que criar uma cultura de design para que seus produtos pudessem ser compreendidos e, nesse sentido, dependiam da existência de concorrentes para que sua linguagem não estivesse totalmente alheia a qualquer referência conhecida. Não espanta, portanto, que em janeiro de 1966, Mobilinea, Oca, L'Atelier, Mobília Contemporânea, Ambiente, Forma e Arredamento tenham se unido para comprar espaços publicitários nos jornais paulistas *Folha* e *Estado de S. Paulo*, visando promoverem-se conjuntamente.[45] Não havia nenhuma imagem na propaganda ali veiculada, apenas os logos de todas as empresas em uma lista contínua, e a aparente camaradagem era tanta que Arredamento, com espaço de divulgação um pouco maior, "pede licença aos seus principais concorrentes" para oferecer seus móveis em condições especiais.

A Arredamento havia sido fundada em 1960, comercializando móveis desenhados por Ricardo Arrastia, arquiteto argentino formado em La Plata. A empresa fazia peças em madeira maciça, modulares e com grande capacidade de composição a partir de dois grupos de elementos comuns (mesas, bancos e assentos, e estantes) e tinha preços próximos aos da Mobilinea. A partir dos anos 1970, passaram a oferecer móveis laqueados e, em 1972, lançaram uma linha em aço tubular, além de uma linha de móveis infantis que seria comercializada na Home Store.

---

45 A propaganda conjunta das várias empresas de móvel apareceu em *Folha* e *Estado de S. Paulo* cinco vezes, entre janeiro e março de 1966.

design e designers | 71

Na entrada dos anos 1960, a L'Atelier começou a produzir móveis em poliuretano injetado, e logo adquiriu os direitos de produção das cadeiras da empresa inglesa Hille, desenhadas por Robin Day. Em 1970, a L'Atelier foi comprada pelo grupo empresarial Forsa, que contava com indústrias de diferentes materiais e permitiu aos designers utilizarem a tecnologia de todas elas (cf. LEON, 2005, pp. 120-121). As peças da empresa eram frequentemente escolhidas para aparecer em publicações impressas do período, mas aos poucos ela migrou para uma produção exclusiva de móveis de escritório.

A Ambiente fora criada por Leo Seincman, que em 1964 fundou também a Probjeto. Além de peças originais, a nova empresa tinha como foco a produção de desenhos estrangeiros de destaque, sendo a primeira licença comprada para a cadeira Series 7, de Arne Jacobsen, que passou a ser comercializada também na Mobilinea alguns anos depois. Em 1972, adquiriram os direitos de produção e venda dos móveis da empresa italiana Cassina, que contava com os designers Mario Bellini, Carlo e Tobias Scarpa, entre outros, e que seria um dos destaques da Home Store.

A Mobília Contemporânea estava em atividade desde os anos 1950. Conforme novas empresas surgiam e os modos de vida se modificavam, ela foi se readequando ao mercado, contando também com equipes nas lojas para ajudar no projeto de interiores de seus clientes. Em 1967, a empresa realizou uma pesquisa por meio da consultoria "Publicitestes, pesquisa, opinião pública e estudos econômicos" para analisar o perfil de seus consumidores, a partir da qual estabeleceram as seguintes informações: os clientes eram profissionais liberais, tinham entre 20 e 28 anos e em geral cursavam arquitetura ou engenharia (cf. MENEZES, 1977, p. 18). Os estudos acerca de modulação e otimização dos processos de fabricação eram uma das preocupações centrais de Michel Arnoult, o que parece justificar seu público. O ápice dessa busca se deu com o desenvolvimento da linha Peg-Lev, vendida em caixas, deixando a montagem por conta dos clientes [Fig. 14]. A ideia inicial era de que a linha fosse oferecida em supermercados, posicionando-se como

Fig. 14: Móveis Mobilia Contemporânea. "C. J. Visita... Mobilia Contemporânea". *Casa & Jardim*, Rio de Janeiro, p. 52, jun. 1972. Acervo Editora Globo S. A./Agência O Globo.

um móvel despojado e democrático, mas em depoimento a Maria Cecília Loschiavo dos Santos, em 1978, Arnoult declarou:

> *Primeiro, nós sentimos a concorrência da Hobjeto, da Mobilinea e de todo mundo; o mercado não era mais nosso, estava dividido. Diante disso, nós nos diferenciamos dos outros e, em 1970, pensamos em lançar móveis desmontáveis: o Peg-Lev, que, teoricamente, é uma ideia excelente, mas foi um erro comercial, porque o mercado era muito restrito para esse tipo de produto (SANTOS, 2017, p. 195).*

A partir de 1970, a Mobília Contemporânea também começou a fazer móveis laqueados, disputando diretamente mercado com a Mobilinea, mas as duas empresas tinham uma boa relação e Georgia usou muitos produtos da Mobília Contemporânea em seus editoriais para a revista *Claudia*, com destaque à sala de estar na casa modelo da "Casa de Claudia", empreendimento pré-fabricado que foi sorteado entre as leitoras, inteiramente mobiliado, em 1969 [Figs. 83-85]. Segundo Georgia,

> *A Mobília Contemporânea teve um lugar de honra porque eu fiz a sala com móveis de lá, e o Michel gostou muito, teve sucesso. Eu soube que ele levou toda a turma de vendedores dele para mostrar essa exposição e para dizer a eles o que ele queria que fosse feito. Outra vez ali eu usei cores muito vivas, tecidos que a Mobília Contemporânea normalmente não fazia para estofamentos e, enfim, acho que mudei um pouquinho a maneira de eles se apresentarem. Era um pouco mais arrojado do que o normal da Mobília Contemporânea (HAUNER, 2012a).*

A empresa chegou a comprar algumas fotos de editoriais de *Claudia* feitos por Georgia Hauner para usar posteriormente como propagandas próprias em revistas. Assim, em linhas gerais, pode-se aventar que, afora o uso de pintura, a Mobília Contemporânea se antecipou a alguns anseios da Mobilinea no que se refere a projeto e fabricação otimizados, enquanto esta tinha uma imagem e estrutura de vendas mais desenvolvidas. Embora também tenha participado da Home Store, em entrevista a Aureliano Menezes em 1977, Arnoult afirmou que a Mobília Contemporânea fechou em 1973 porque não soube lidar com a concorrência (cf. MENEZES, 1977).

A segunda grande concorrente da Mobilinea nas décadas de 1960 e 1970 foi a Hobjeto. Geraldo de Barros, seu idealizador, trabalhara na Unilabor até 1964, e logo que se desligou associou-se aos marceneiros Antonio Bione (que também havia trabalhado no início da Unilabor) e Pascoal Onélio Moranti, fundando a empresa. A primeira loja própria da Hobjeto foi aberta em 1966 à rua Iguatemi em São Paulo, a poucas quadras do futuro shopping center onde a Mobilinea vinha construindo seu novo showroom. No mesmo espaço foi instalada a galeria de arte Rex Gallery and Sons, com Wesley Duke Lee, Nelson Leirner, Carlos Fajardo, José Rezende e Frederico Nasser. Ela durou apenas dois anos, mas foi bastante importante no cenário cultural paulistano e encerrou suas atividades com um *happening* de Nelson Leirner. Além das exposições, havia também um jornal do grupo, escrito por Tomaz Souto Corrêa, futuro editor das revistas *Claudia* e quem contrataria Georgia Hauner para atuar como sua editora de decoração.

Em 1968, todas as peças da Hobjeto já eram produzidas em linha e começaram a fazer uso de madeira aglomerada; o início da produção de peças laqueadas foi anunciado em uma propaganda de abril de 1969 em *Claudia Noiva* e logo tornou-se padrão [Fig. 15]. A Hobjeto tinha preocupações similares às da Mobilinea, buscando auxiliar os clientes na compreensão de como conceber um ambiente moderno em suas casas, e o fazia por meio de miniaturas de todos os seus móveis inseridos em plantas desenhadas em escala.

Tendo sido uma das empresas de maior sucesso no período, foi também uma das que praticavam estratégias mais agressivas: muitas de suas propagandas em revistas parecem ser provocações diretas a outras empresas, e não hesitavam em produzir peças com

design e designers | 75

Fig. 15: Móveis Hobjeto. "C. J. Visita... Hobjeto". *Casa & Jardim*, Rio de Janeiro, p. 84, out. 1971. Acervo Editora Globo S. A./Agência O Globo.

desenho similar aos produtos de maior sucesso de suas concorrentes. A Hobjeto fabricou móveis parecidos com os da Mobilinea, mas havia uma diferença fundamental entre as duas empresas: se, por um lado, o departamento de projeto da Hobjeto não tinha um comprometimento com a inovação formal, por outro, ela tinha uma estrutura administrativa e comercial mais bem organizada que a da Mobilinea. Bibita Butcher, que trabalhou na Mobilinea entre 1966 e 1971 e depois ficou na Hobjeto por quatro anos, declarou:

> *A Mobilinea era muito mais sofisticada, muito mais. Era assim, um luxo. Era maravilhosa. A Hobjeto era mais comercial mesmo. Tinha uma superestrutura para vender, todos os móveis tinham maquete 1:10, pra gente montar as maquetes em cima da mesa. Entrega era assim: "olha, vai ser entregue dia 5 de agosto", dia 5 de agosto ia. Na Mobilinea? Dia 10 de agosto, 15 de agosto... Eu ligava para o Ernesto e falava "Ernesto, pelo amor de deus...", "ah, não sei, está faltando tecido...", era enlouquecedor (BUTCHER, 2014).*

Mobilinea, Hobjeto e Mobília Contemporânea também foram equiparadas pela Editora Abril, que selecionou as três para fazer parcerias de venda de móveis na revista *Claudia*. A primeira empresa chamada foi a Mobília Contemporânea, que criou pequenas estantes para enciclopédias vendidas em fascículos nas bancas; em 1968 foi a vez da Mobilinea, que desenvolveu uma linha de móveis infantis batizada de Mobilinha, também comercializada em suas lojas [Figs. 21-23; 85]; e, finalmente, a Hobjeto produziu módulos de apoio e armazenagem em parceria com a editora, em 1970.

Ao tempo em que lançou a Mobilinha e começou a construção de sua nova fábrica no Campo Limpo, em 1968, a Mobilinea já tinha endereços próprios e revendas em seis cidades brasileiras, mantendo uma curva ascendente de crescimento. Não se pode deixar de notar que nesse mesmo ano uma série de outras empresas de mobiliário fecharam suas portas, dentre as quais Oca, Joaquim Tenreiro e Indústria Cama Patente, além da Unilabor em 1967. Evidentemente, há um conjunto de fatores particulares que levou ao fim de cada uma delas, mas uma perspectiva coletiva aponta um momento de saturação no campo ou da necessidade de mudanças nos posicionamentos de mercado.

Nesse momento, discussões acerca do design no país chegaram a um nível em que se percebeu que os produtos deveriam ser divulgados de maneira mais significativa, além de criar postos de trabalho para os designers que começavam a se formar nos novos cursos criados. Assim, surgiram as primeiras exposições e prêmios ligados à área. A Associação Brasileira de Design Industrial (ABDI) havia sido criada em 1963, contando entre seus primeiros membros com docentes da Escola Superior de Desenho Industrial (Esdi) e da FAU-USP (cujo curso de design industrial havia sido criado em 1962, mesmo ano de fundação da Esdi), bem como por projetistas de mercado, artistas e industriais. De São Paulo, vale destacar os nomes de Lucio Grinover, João Carlos Cauduro, Abrahão Sanovicz, Alexandre Wollner, Karl Bergmiller, Décio Pignatari, Willys de Castro e Leo Seincman. A associação não tinha fins lucrativos e era de caráter cultural: seu objetivo era reunir os interessados no desenvolvimento do desenho industrial no Brasil e divulgar suas atividades (cf. BRAGA, 2007).

A ABDI participava da organização de diversas honrarias e exposições, como o Prêmio Roberto Simonsen para projetos e produtos de utilidades domésticas, que ocorreu anualmente entre 1963 e 1970 e era parte da Feira Nacional de Utilidades Domésticas – UD, criada em 1960 pela empresa Alcântara Machado e patrocinada pela Federação das Indústrias do Estado de São Paulo (Fiesp). Em 1964, uma poltrona desenhada por Michel Arnoult e Norman Westwater foi premiada na Feira UD, e as características da peça eram em grande medida similares ao modelo da Mobilinea, que seria homenageado três anos depois: desmontável, com poucos elementos construtivos, fixação simples, sustentação do assento em fios de nylon e revestimento da espuma em plástico. Em 1965, foi a vez

da Hobjeto ficar em primeiro lugar no Prêmio com um beliche.[46]
O prêmio da Mobilinea chegou em 1967, com uma poltrona desenhada por Ernesto Hauner, feita de ripas de madeira, desmontável,
com estrado de percintas de borracha esticadas e almofadas soltas
[Fig. 16]. Nessa mesma edição, a Mobilinea foi também responsável
pela cenografia do estande da revista *Casa & Jardim*, montado como
um circo, com janelas redondas e motivos florais nas paredes e um
toldo cônico por cima, além de móveis da empresa em madeira
maciça organizando a ambientação.

No âmbito institucional, em 1968 ocorreu no Rio de Janeiro a primeira bienal de design no país, batizada de "Desenho Industrial
68 – Bienal Internacional do Rio de Janeiro", dedicada ao design de
produto e comunicação visual. Montado pelo Instituto de Desenho
Industrial do Museu de Arte Moderna do Rio (IDI-MAM), o evento
contou com o apoio do Ministério das Relações Exteriores, Esdi,
ABDI, Fundação Bienal de São Paulo e Confederação Nacional da
Indústria (CNI). A poltrona da Mobilinea premiada na UD foi exi-
bida nessa primeira bienal, ao lado de peças de Michel Arnoult,
Karl Heinz Bergmiller, Genaro Malzoni, Abrahão Sanovicz, Julio
Katinsky, Sergio Rodrigues, entre outros. Entre os premiados no
campo gráfico, vale destacar os nomes de João Carlos Cauduro e
Ludovico Martino, Alexandre Wollner, Fernando Lemos, Aloisio
Magalhaes, Rogério Duarte, Rubem Martins e Antonio Maluf.

A Bienal teve duas edições seguintes, em 1970 e 1972, que obtiveram
boa projeção internacional uma vez que, mesmo fora do país, exposições desse porte, dedicadas exclusivamente ao design, não eram
comuns. A partir da "Desenho Industrial 70" foi organizado um
concurso para profissionais brasileiros patrocinado pela CNI, no
qual Ernesto ganhou o primeiro prêmio em 1970 com sua cadeira
e carrinho de chá em aço e fiberglass, que também foram expostos
no Masp na mostra "Mobiliário Brasileiro: premissas e realidade",
de 1971, com curadoria de P. M. Bardi e autodeclarada a primeira

---

46 Fruto de desenhos que Geraldo de Barros começara a desenvolver ainda na Unilabor (cf. CLARO, 2012).

Fig. 16: Propaganda Mobilinea. "Poltrona Bienal 68". *Claudia Decoração*, São Paulo, dez. 1968. Acervo Abril Comunicações S. A.

exposição dedicada ao mobiliário brasileiro em termos museográficos (cf. BARDI, 1971) [Fig. 11]. Na edição seguinte da Bienal em 1972, Ernesto Hauner foi novamente selecionado como um dos designers expostos, com uma cadeira de aço e fiberglass empilhável.

Em 1972, a ABDI organizou outra exposição de desenho industrial, juntamente com a empresa Eucatex, chamada Eucat Expo, que contou com projetos de Ludovico Martino, Ernesto Hauner, Livio Levi, Jorge Zalszupin, João Carlos Cauduro, Carlos Fongaro, Lucio Grinover, David Pond, Karl Heinz Bergmiller, entre outros, e tinha como objetivo "incentivar o desenvolvimento do desenho industrial no Brasil".[47] No mesmo ano ocorreu a 8ª Feira Internacional de Utensílio e Serviços de Escritório (Fuse) no recém-inaugurado pavilhão do Anhembi, e a revista *Escritório Atual* fez um número quase inteiramente dedicado a ela, elencando, entre outras, a participação das seguintes empresas: Probjeto, Escriba, Hobjeto, Teperman, Ambiente e Mobilinea. Além de estarem fisicamente próximas no pavilhão, essas eram aquelas que, de alguma forma, participavam das discussões do móvel moderno, muitas das quais atuavam no segmento corporativo tanto quanto residencial, como era o caso da própria Mobilinea.

Em julho do ano seguinte, *Folha* e *Estado de S. Paulo* anunciaram a presença do Brasil, juntamente com a França, Inglaterra, Bélgica, Espanha e Romênia, na III Feira Internacional do Mobiliário – "Third International Home Furnishing Market" – que se realizaria em Nova York no "International Home Furnishing Market". As reportagens afirmavam que essa participação era um esforço do Ministério de Relações Exteriores, por intermédio da Divisão de Feiras e Turismo, para incrementar a exportação do móvel brasileiro, com empresas como Arredamento, Escriba, Mobília Contemporânea, Móveis Cimo, Mobilinea, Móveis Lafer e Ruth Decorações. Ao que parece, o país já havia participado da feira no ano anterior com resultados positivos, e para aquele ano estavam programados seminários, visitas a lojas de departamentos e fábricas e entrevistas com especialistas e a exposição, para a qual haviam sido enviados 7.500 convites a lojistas e compradores norte-americanos.

Não foi possível averiguar qual o impacto dessa participação no quadro geral das empresas participantes, mas pelo menos no caso da Mobilinea não foram localizadas consequências significativas do ponto de vista de sua produção ou internacionalização. Apesar disso, os esforços do governo em exportar o design brasileiro

---

47 Sonia Morgenstern. "A Arte Industrial". *Folha de S.Paulo*, São Paulo, 7 abr. 1972. Ilustrada, p. 1.

continuaram, e, em junho de 1974, foi a vez de investirem no Canadá. Uma "missão empresarial"[48] foi organizada para ir ao país averiguar as condições do mercado local e de exportação de mercadorias brasileiras para lá, na qual comprovou-se a aceitação de produtos de alimentação, confecções, calçados, artesanatos, autopeças, bicicletas e ferramentas. Estavam no grupo: Mobilinea, Fiesp, Têxtil Santa Ângela, Bicicletas Caloi e outras, sendo Mobilinea a única de mobiliário, campo em que aparentemente não houve um bom retorno.

Em seu currículo,[49] Ernesto Hauner afirmou ter sido convidado a participar da direção da ABDI em 1974[50] e, embora tenha recusado o cargo, seu envolvimento com essa associação pode ser uma das explicações possíveis do porquê a Mobilinea se envolveu nessa atividade. Ter ido ao Canadá tão perto de se desligar da empresa também é relevante porque pode ter sido nesse momento em que Ernesto Hauner escolheu seu próximo destino. De todo modo, foram esforços marcantes para a consolidação do campo, ora enfatizando empresas, ora projetistas, ora ainda a indústria. Mesmo em meio a uma série de dificuldades,[51] o estabelecimento do design no Brasil foi um projeto sério para um número grande de profissionais, órgãos culturais, institucionais e industriais, de forma que a Mobilinea que os Hauner deixaram em 1975 estava inserida em um meio muito diferente daquele que encontraram com a criação da Ernesto Hauner Decorações em 1959.

---

48   "Canadá, um mercado a conquistar". *Folha de S.Paulo*, São Paulo, 24 abr. 1974. Economia, p. 4.

49   Ernesto Hauner, *Resumé*, cit., p. 3.

50   No mesmo ano, Ernesto foi também convidado a participar de uma exposição brasileira no Museu de Arte Moderna de Bruxelas e outra na Argentina, esta segunda também recusada por já estar com muitos compromissos.

51   Organizações com a ABDI vinham tendo dificuldades em manter associados e seu corpo diretivo (cf. BRAGA, 2007).

DESIGN À VENDA

Tendo apresentado a trajetória da Mobilinea, e a maneira pela qual a empresa se inseriu no circuito de design, torna-se interessante focalizar os aspectos referentes a seus produtos e a seus locais e formas de venda, a fim de somar novas camadas de interpretação ao quadro de sua trajetória geral.

A primeira aproximação nesse sentido se dá aqui pela análise dos móveis projetados por Ernesto Hauner, sem a pretensão de apresentá-los em sua totalidade, mas, antes, entendendo-os em sua dimensão material e delimitando a posição da Mobilinea perante o design e suas condições de produção. Se, à primeira vista, não parece haver tanta experimentação formal, há uma premissa de que os móveis sejam versáteis, customizáveis e produzidos de maneira racional, dando a ideia de serem peças acessíveis em todos os sentidos. Há também uma preocupação ante a concorrência, principalmente em relação às discussões no campo do design e dos avanços tecnológicos e produtivos, mais até em um nível comercial do que ideológico.

Nessa perspectiva, a aproximação seguinte discute o processo de venda na Mobilinea a partir de seus espaços comerciais, delineando seu funcionamento interno e expondo algumas das estratégias utilizadas para promover os ideais da empresa, que visava criar um conceito de casa moderna que incluía componentes materiais e imateriais e contando com a colaboração de diversos funcionários. A partir do mapeamento dos endereços divulgados pela Mobilinea, foi possível acompanhar seu crescimento por meio da abertura de novas lojas e fábricas, fornecendo novos parâmetros para entender sua importância no período.

Houve experiências buscando expandir o público potencial da Mobilinea por meio de parcerias de diversas naturezas, a partir das quais se podem entender algumas estratégias que a empresa usou para se posicionar no mercado e como sua imagem se consolidou. Tanto as lojas como essas iniciativas tinham uma premissa de unir design, arte, artesanato e a ideia de uma vida culturalmente rica, assumindo um papel de protagonismo nesse diálogo com a criação da Home Store em 1973. Lá, 27 empresas de design uniram-se a ela em um mesmo endereço, que funcionou como um grande laboratório de cenografia doméstica, exibindo móveis e complementos para toda a casa. A última aproximação proposta neste capítulo busca examinar essas empreitadas em maior profundidade.

O DESENVOLVIMENTO DOS MÓVEIS

Em 1959, as experiências de Ernesto Hauner como designer compreendiam uma passagem pelo Studio de Arte Palma e uma participação secundária na Móveis Artesanal. Ao longo dos anos 1950, ele já havia projetado peças próprias, embora não tenham sido aproveitadas pelas empresas, e teve uma breve passagem por Roma, onde atualizou seu repertório frente à produção italiana. Ao retornar e fundar a empresa Ernesto Hauner Decorações, começou a produzir estantes modulares em madeira maciça sem revestimentos, divulgadas em pequenas propagandas em revistas e jornais a partir de 1960. Todas seguiam uma mesma lógica, tendo montantes com ferragens reguláveis para fixação de piso a teto, complementadas horizontalmente por módulos de prateleira, escrivaninha, gaveteiros e pequenos gabinetes. Os módulos tinham a mesma largura, e as alturas aparentavam respeitar uma modulação rebatida na furação dos montantes [Fig. 17].

Em 1961, essa linha passou a ser divulgada como "Mobilinea – estante de flexibilidade total", e os "móveis-unidade", como são descritos em suas propagandas, podiam ser comprados em diversas

Fig. 17: Propaganda Ernesto Hauner Decorações. "Estantes E.H.D.". *O Estado de S. Paulo*, São Paulo, p. 132, 11 dez. 1960. Acervo Estadão Conteúdo.

configurações. Eram recomendados para casa e escritório e permitiam que a montagem ficasse a cargo dos clientes. Certamente foi o sucesso dessa linha e desse nome que levaram a empresa a mudar sua razão social de Ernesto Hauner Decorações para assumir a identidade pela qual ficaria conhecida.

Outro sistema que aparece no mesmo período compreende montantes metálicos formando "escadinhas" que podiam ser fixas na parede, complementadas por módulos em chapa de madeira maciça, como os da linha "Mobilinea" [Fig. 18]. Estantes como essas foram posteriormente produzidas na fábrica de Ernesto Hauner para os dormitórios do alojamento estudantil da Universidade de Brasília (UnB), sendo creditadas a Sergio Rodrigues, o que merece

Fig. 18: Estante Mobilinea com montantes metálicos. "A versatilidade das estantes modernas". *Casa & Jardim*, Rio de Janeiro, p. 34, maio 1960. Acervo Editora Globo S. A./Agência O Globo.

investigações futuras para estabelecer sua autoria.[1] A descrição de uma foto desse modelo, na reportagem "A versatilidade das estantes modernas", publicada em *Casa & Jardim* em maio de 1960, diz:

---

1 Ver imagens do projeto de Sergio Rodrigues em CALHEIROS, MARI e RUFINONI (orgs.) (2014, p. 219). Em 1961, Mobília Contemporânea lançou um sistema bastante similar, indicando ao mesmo tempo que esse tipo de desenho alcançava sucesso comercial e que todos esses designers estavam próximos em suas pesquisas projetuais.

Estante composta de partes móveis e madeira e grades de ferro batido; é extraordinariamente prática e versátil, pois, além de servir de suporte para livros, discos e diversos objetos de adorno, abriga um pequeno mas confortável bar, bastando aproximar-se uma cadeira da máquina de escrever para utilizá-la também como escrivaninha. (Modelo: Ernesto Hauner.)[2]

De fato, estantes modulares com diferentes soluções construtivas e formais foram sempre uma preocupação da empresa, mas nesses primeiros anos não parece ainda que tivessem rigidamente definido seu nicho de mercado, e, entre outras peças divulgadas em propagandas de jornais e revistas, a mais peculiar é indubitavelmente uma linha de carteiras escolares. Divulgada em alguns anúncios no jornal *O Estado de S. Paulo* ao longo de 1962, a carteira é uma peça única, estruturada em perfis metálicos tubulares que sustentam ao mesmo tempo cadeira e mesa, feitas em chapa de madeira. Uma alça da mesa encontra o encosto da cadeira, travando o conjunto, que é complementado ainda por apoio para pés, fechamento frontal e um compartimento para guardar materiais sob o assento. Descrita como simples e bela, o anúncio explica que são desmontáveis, resistentes e aguardavam patente. Os motivos para sua criação parecem ter sido efetivamente mobiliar as salas de aula da UnB, pois lá há registros de seu uso, e supomos que sua comercialização em São Paulo tenha ocorrido para acabar com estoque excedente.

Informações mais detalhadas sobre as matérias-primas dos móveis foram divulgadas pela primeira vez em uma reportagem da revista *Casa & Jardim* de maio de 1964,[3] que apresenta um apartamento no qual foram usados móveis da Mobilinea na sala de estar em jacarandá-da-baía, com estofados em veludo cinza e azul forte. Embora o aspecto geral da sala seja convencional, pode-se notar um forte desejo utilizar móveis modernos, evidenciado pela escolha de

---

2 "A versatilidade das estantes modernas". *Casa & Jardim*, Rio de Janeiro, p. 34, maio 1960.

3 "Um apartamento transformado pela decoração". *Casa & Jardim*, Rio de Janeiro, pp. 26-28, maio 1964.

revisteiros e mesas laterais em perfis metálicos da linha Dominó, de Jorge Zalszupin.

No ano seguinte, a Mobilinea lançou seus móveis pintados, em uma propaganda marcante pela intensidade das cores usadas.[4] Colorir móveis já era uma prática evidentemente conhecida, mas à época desse lançamento ainda não havia empresas produzindo peças para uso residencial com desenho moderno e nessa paleta [Fig. 19]. A cadeira promovida no lançamento estava em produção ao menos desde 1963 e fora batizada de 101. Tem pés de madeira maciça de 2,7 cm x 2,7 cm e travas inferiores em perfis de 1,8 cm x 1,8 cm; o encosto é uma barra de madeira maciça envergada e fixada diagonalmente nas travessas anteriores, o assento é de chapa de madeira recoberta com estofamento; não há encaixes aparentes e parece não haver ferragens. Os demais assentos comercializados pela Mobilinea nesse momento tinham estofados com revestimento em couro ou tecido; a capa de flores bordadas vista nessa propaganda foi feita especialmente para a foto. Já a mesa que a acompanha é composta por uma cruz de perfis de madeira maciça sobre pezinhos metálicos, conectados a um pilar de madeira, que se liga a outra cruz e apoia o tampo, nesse caso de mármore ou granito branco. Os perfis das cruzes de madeira têm 3 cm x 8 cm, o tampo tem 1,8 cm de espessura e o perfil tubular é na verdade metálico, apenas revestido em folha de madeira. Além da opção de tampo em pedra visto na imagem, foram também comercializadas versões em chapa de madeira compensada, revestida em folha de madeira natural ou pintada, redonda ou quadrada. Complementava ainda essa linha um carrinho de chá, fabricado com os mesmos perfis e bandejas removíveis fabricadas em Duraplac.[5]

O recurso a acabamentos como esses parece ter sido estimulado primeiramente por um interesse comercial em se distinguir do que outras empresas estivessem fabricando no período. Além disso,

---

4   "Patinhos". *Casa & Jardim*, Rio de Janeiro, set. 1965.

5   Chapa de fibra de madeira produzida pela empresa Duratex.

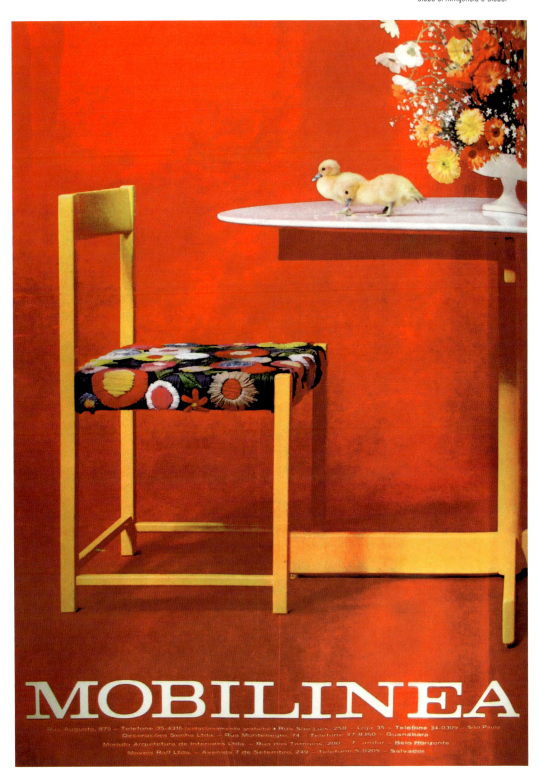

Fig. 19: Propaganda Mobilinea. "Patinhos". *Casa & Jardim*, Rio de Janeiro, set. 1965. Acervo Editora Globo S. A./Agência O Globo.

preocupações com a otimização de matérias-primas e a proteção das madeiras nobres brasileiras orientaram a opção por fabricar móveis laqueados, pois, embora o uso de pintura nesses primeiros anos muitas vezes ainda fosse feito sobre peças em madeira maciça, não precisavam ser espécies tão nobres quanto as usadas nos móveis sem revestimentos.[6]

Em 1968, Ernesto concedeu uma entrevista à revista *Arquitetura*, na qual manifestou preocupação diante da desenfreada exportação de madeiras e pela falta de políticas de reflorestamento, apontando que o país deveria, ao contrário, exportar produtos acabados. Ao tratar da possibilidade de se produzir móveis de bom desenho, em larga escala e a baixo custo, afirmou que "de um modo geral é tão fácil produzir um móvel de bom desenho quanto um de mau desenho, pois o 'bom' desenho compreende, entre outras coisas, facilidade de produção".[7] Quanto à fabricação em si, salientou a necessidade de garantia de demanda, de facilitação para construção ou importação de maquinário e da falta de promoção de concursos e prêmios; a questão que se impunha era justamente popularizar os processos e produtos do design:

> *Ainda sobre o desenho de móveis populares, vejo grandes possibilidades no fornecimento de móveis desmontados ou semiacabados de preço reduzido, com a certeza de que o comprador que está acostumado a construir sua residência com as próprias mãos não terá dificuldade em terminar o serviço em casa.*[8]

Uma das estratégias da Mobilinea, ao que parece, foi realmente transferir a montagem de seus móveis aos compradores, embora a

---

6   Em entrevista, Yone afirmou que não era possível pintar móveis feitos em jacarandá por causa da resina da madeira, que manchava a peça. Assim, supõe-se que, nesse momento, todos os móveis pintados eram feitos em amendoim ou chapa de madeira aglomerada (cf. PIERRE, 2014).

7   "O móvel brasileiro: inquérito". *Arquitetura*, Rio de Janeiro, p. 24, jan. 1965.

8   *Ibidem.*

empresa tenha sempre mantido uma equipe de instalação à disposição, sendo pouco provável que os clientes fossem de uma faixa de renda que construiria a própria residência, como Ernesto declarou. Naquele momento, montar o próprio móvel parece ter sido aceito quase exclusivamente por uma pequena parcela da população, como a experiência da Mobília Contemporânea com o Peg-Lev sugere [Fig. 14]. Da mesma maneira, a produção de móveis em madeiras maciças, inclusive em jacarandá, não foi interrompida, mas a produção se expandiu, abrigando as diversas linhas e matérias-primas.

Um novo sistema de estantes modulares foi lançado em 1966, aproximando-se da aparência e montagem pela qual a produção moveleira da Mobilinea ficaria mais conhecida e se especializaria, pois, agora, em vez de montantes de uma altura fixa – piso a teto ou meia parede –, os próprios elementos verticais passavam a ser modulares e componíveis: com o uso de chapas, era possível criar três alturas de móveis, compondo-os com caixas ou prateleiras. Nessas, outra novidade era poder encaixar uma chapa em suas faces posteriores, fechando-as. Como a estante era autoportante, ela poderia ficar solta no espaço e dividir ambientes, adaptando--se aos novos projetos de habitação que vinham sendo lançados, menores e com plantas livres. Aqui o desejo de que a montagem fosse feita pelos compradores é ilustrada de maneira que também apresenta a versatilidade da peça para diferentes configurações domésticas [Fig. 20].

Georgia Hauner acredita que um dos grandes talentos de Ernesto tenha sido sua capacidade de desenvolver linhas completas de móveis partindo de peças únicas, e isso se manifestava em especial nas peças modulares e componíveis:

design à venda | 91

Fig. 20: Propaganda Mobilinea. "Uma estante num instante". *Casa & Jardim*, Rio de Janeiro, jan. 1966. Acervo Editora Globo S. A./Agência O Globo.

Ernesto Hauner, meu marido, estabeleceu a Mobilinea com o propósito de fabricar linhas de móveis modulados e desmontáveis, que podiam ser assemblados [sic] em conjuntos, para permitir o alongamento das peças e evitar a aparência fragmentada dos móveis avulsos, com brechas deselegantes entre um e outro. Um exemplo são as estantes moduladas. A repetição das peças básicas torna a produção em quantidade mais econômica e conduz ao sistema de linhas de montagem industrial. Ernesto sempre acreditou na produção em grande escala, para reduzir os custos, sem precisar sacrificar o design, nem a qualidade. O sistema oferece muita flexibilidade para mobiliar interiores de vários tamanhos e torna a necessidade para os móveis feitos sob medida obsoleta.[9]

Embora esse novo sistema de estantes predomine nas propagandas da empresa do período, o sistema "Mobilinea" ainda é visto em editoriais, em cores variadas. Poltronas e sofás em ripas de madeira também continuavam em produção, acompanhados por outra linha feita em chapas de madeira que pode ser vista pela primeira vez em um editorial para *Casa & Jardim* de junho de 1966,[10] no qual anunciavam que as capas dos estofados tinham zíperes e eram removíveis, podendo ser lavadas e trocadas. Na matéria, foi feita uma interpretação bastante reduzida do Op Art, mas que demonstrava um desejo de incluir arte e moda na decoração, com ferramentas para que as peças pudessem ser ao mesmo tempo transitórias e permanentes, driblando obsolescências.

Nos anos seguintes, foram desenvolvidas camas, criados, bancos, mesas e mesinhas seguindo as mesmas premissas de projeto e acabamento. Havia peças em madeira maciça aparente, nas opções jacarandá e amendoim, além de opções de pintura em 15 cores. Um banco ripado que aparece em comprimentos diversos em várias propagandas e editoriais parece fazer sucesso, provavelmente funcionando como outra opção de divisão de ambientes, função que também exerciam os carrinhos de chá, quando não usados como

---

9   Georgia Hauner, *Showrooms, fotografias, artesanato*, cit., p. 1.

10   "Op Art". *Casa & Jardim*, Rio de Janeiro, pp. 33-34, jun. 1966.

substitutos para buffets em ambientes de jantar. Para complementar os ambientes da Mobilinea em lojas e nas casas de clientes, eram fabricadas luminárias com base em madeira, espelhos e pequenos aparadores.

Na segunda metade da década de 1960, a Mobilinea começou a realizar diversas parcerias, das quais algumas resultaram em móveis produzidos e comercializados na empresa. Em uma reportagem da revista *Joia*, de fevereiro de 1967, e em uma grande quantidade de publicações subsequentes, aparecem móveis Thonet, então fabricados pelas indústrias Gerdau, pintados e vendidos como peças da Mobilinea. Georgia Hauner afirmou que era sabido pelos clientes que os móveis não eram produzidos pela Mobilinea, mas que:

> *Sempre gostamos da Thonet, que começou da Áustria, e essa madeira curva tem uma graça e um espírito que se mistura muito bem com os móveis de linhas retas, móveis modernos. Então eram compradas as peças da Gerdau e eram coloridas junto com os móveis da Mobilinea e vendidos em conjunto (HAUNER, 2012b).*

A cadeira Series 7, de Arne Jacobsen, fabricada pela Probjeto e comercializada no Brasil com o nome de Dinamarquesa, também foi vendida na Mobilinea em diversas cores. Com assento em madeira compensada e pés em estrutura tubular de aço, ela era pintada na Mobilinea e foi divulgada pela primeira vez em dezembro de 1968 em *Claudia Decoração*, mas iria aparecer com mais frequência somente nos anos 1970, em especial nas propagandas das linhas de escritórios. No caso dessa peça, a produção pela Probjeto era sempre anunciada, provavelmente como parte do acordo comercial entre as duas empresas.

A Editora Abril também realizou algumas parcerias com empresas de design, e, em setembro de 1969, *Claudia* lançou uma linha de móveis infantis com a Mobilinea, batizada de Mobilinha Claudia, vendida nas lojas da empresa. Não foi possível esclarecer quais as condições para seu advento, salvo por uma carta assinada pelo então editor da Abril, Luiz Carta, para Ernesto Hauner,[11] que sugere que foi Ernesto quem os procurou, provavelmente a partir dos contatos de Georgia como editora de decoração em *Claudia*. Essa era uma área que a Mobilinea ainda não havia explorado, e, como as revistas indicam, o quarto infantil vinha ganhando foco crescente na virada para os anos 1970, seja por mudanças culturais, seja pelo próprio desenvolvimento do campo produtivo de móveis, que permitiu nesse momento o surgimento de empresas especializadas no segmento.

A ideia da Mobilinea com a Mobilinha era oferecer móveis baratos, alegres e versáteis também para o quarto infantil, que pudessem ser ao mesmo tempo funcionais e lúdicos, como é evidenciado em sua apresentação:

> *Na certa, você já andou pela cidade procurando um berço para seus filhos. Um berço que, quando eles crescessem, não ficasse jogado, ocupando um espaço inútil dentro de casa. Vai ver que você também procurou uma cadeirinha para eles. Onde eles se sentassem com toda a dignidade, com os pés no chão, feito gente grande. Na certa não encontrou nada que não fosse convencional. Nada que resistisse a suas brincadeiras. Nada que fosse assim como são os móveis do tempo em que eles estão sendo criados. Foi por isso que Ernesto Hauner criou para Claudia uma linha de móveis infantis. Móveis alegres, coloridos, sólidos. Os móveis infantis de Claudia são construídos em Duraplac, laqueados nas cores mais vivas. São ultrarresistentes e viram mil e uma coisas nas mãos das crianças. Os móveis vêm desmontados dentro de caixas de papelão, com porcas, arruelas e parafusos. Qualquer criança que saiba manejar uma chave de fenda poderá montar seus próprios móveis, empilhar cadeirinhas para formar estantes, caixas, formar o que quiser. Todas as peças já vêm preparadas com furos e pininhos que se encaixam para assegurar a mais perfeita estabilidade. A peça mais versátil é a cadeirinha: ela poderá transformar-se em mesinha, em banqueta, em estante, num vagão, num trem...[12]*

---

11   Carta de Luiz Carta a Ernesto Hauner, de 22 de janeiro de 1969. Acervo Georgia Hauner.

12   "Móveis Infantis". *Claudia*, São Paulo, p. 144, set. 1969.

As peças são apresentadas nesse editorial e em propagandas subsequentes em configurações variadas, como o berço que vira sofá e o módulo que é uma cadeira, mas também mesa, estante e baú, além de parte de brincadeiras. A própria caixa na qual os móveis vinham (menos berço e mesinha redonda) era padronizada e tinha um desenho que podia ser recortado e virava um boneco, feito por Yone Koseki Pierre, que na época trabalhava como projetista assistente de Ernesto Hauner. Complementos como rodízios e travas também eram vendidos, separadamente.

Os móveis eram inteiramente feitos em chapa de fibra de madeira Duraplac, o que devia baratear o custo de produção e exigia pintura para bom acabamento, anunciada em oito cores: branco, amarelo-claro, amarelo-ouro, vermelho, azul-claro, azul-escuro, verde-limão e laranja [Figs. 21-23].

Um ano antes, Ernesto Hauner desenvolvera a poltrona premiada na I Bienal Internacional de Desenho Industrial do Rio de Janeiro de 1968, receptora do Certificado de Boa Forma do Prêmio Roberto Simonsen. É descrita pela revista *GAM – Galeria de Arte Moderna*, em edição especial para a bienal, da seguinte forma:

> *[...] estrutura desmontável para armazenagem e transporte, dispensa mão-de-obra especializada e pode ser entregue ao comprador em forma de kit. Almofadas de espuma com capas removíveis e assento sobre molas.*[13]

Essas molas são "tiras" recobertas por uma capa de plástico e ficam tensionadas paralelamente ao assento. Elas foram utilizadas também em sofás produzidos posteriormente pela empresa [Fig. 16].

---

13 "Desenho Industrial 68". *GAM - Galeria de Arte Moderna*, Rio de Janeiro, n. 16, p. 47, 1968. Edição Especial.

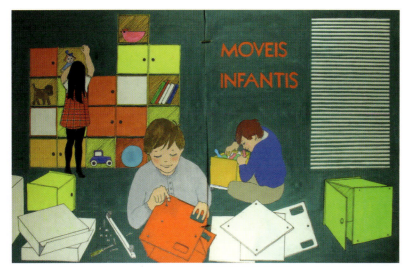

Figs. 21-23: Mock-up de paginação de revista feito por Georgia Hauner para lançamento da Mobilinha em *Claudia*, 1969. Acervo Georgia Hauner.

Em julho de 1970, Mobilinea lançou uma linha em aço cromado, fiberglass, acrílico e poliéster, que foi a mais distante de qualquer identidade regional vinculada à sua aparência, matérias-primas ou fabricação, e surgiu como outra alternativa às madeiras de lei e em consonância com a produção estrangeira do período. A primeira vez que foi publicada em revistas, inaugurou o projeto "C. J. Visita", de *Casa & Jardim*, em editorial exclusivo de dez páginas e capa.[14]

As peças apresentadas eram uma cadeira com pés tubulares em aço, assento e encosto em fiberglass com o mesmo desenho da cadeira em madeira; mesa composta por quatro perfis metálicos dobrados em C, cujas travessas horizontais sustentam o tampo e apoiam-se no piso; carrinho de chá com dois perfis em C cortados no sentido inverso aos da mesa, e travessas horizontais apoiando bandejas. Em todos os casos, as superfícies são em madeira aglomerada revestida com pintura em poliéster. Há também uma poltrona feita com perfis de aço e almofadas em espuma que se encaixam na estrutura, e grandes luminárias de piso com base em madeira laqueada e cúpulas de vidro [Figs. 24-25].

Embora materiais como fiberglass impliquem em processos tecnologicamente mais complexos do que o corte e encaixe de chapas de madeira, Ernesto Hauner não mudou a linguagem de suas peças para estruturas polimórficas como outros designers vinham fazendo com o material (a exemplo das cadeiras Tulipa, de 1958, ou Panton, de 1967, de Eero Saarinen e Verner Panton, respectivamente). Essa linha não parece assim ter sido uma ruptura em relação aos projetos anteriores, mas atesta um desejo de explorar novos materiais; surgem detalhes anatômicos nas peças graças às possibilidades de molde, porém permanece um diálogo claro com a linguagem das outras linhas.

Experimentações e aprimoramentos nos móveis desenvolvidos pela Mobilinea podem ser identificados por lançamentos de peças similares em curtos intervalos de tempo: um ano antes desse editorial,

---

14 "C. J. Visita...". *Casa & Jardim*, Rio de Janeiro, pp. 45-57, jul. 1970.

Fig. 24: Móveis para sala de jantar (foto tirada na loja do Shopping Iguatemi). "C. J. Visita... Mobilinea". *Casa & Jardim*, Rio de Janeiro, p. 47. jul. 1970. Acervo Editora Globo S. A./ Agência O Globo.

uma poltrona estofada sem o chassi metálico havia sido divulgada e já deixara de aparecer, percebendo que era preciso uma estrutura mais rígida para que o assento não se deformasse com o uso [Fig. 26], corrigida no novo modelo [Fig. 25].

A cadeira presente nesse "C. J. Visita" também foi reformulada e reapresentada alguns meses depois com barras de aço moldado, incorporando o encosto como parte da estrutura. Foi essa nova

design à venda | 99

Fig. 25: Móveis para sala de estar (foto tirada na loja do Shopping Iguatemi). "C. J. Visita... Mobilinea". *Casa & Jardim*, Rio de Janeiro, p. 51. jul. 1970. Acervo Editora Globo S. A./Agência O Globo.

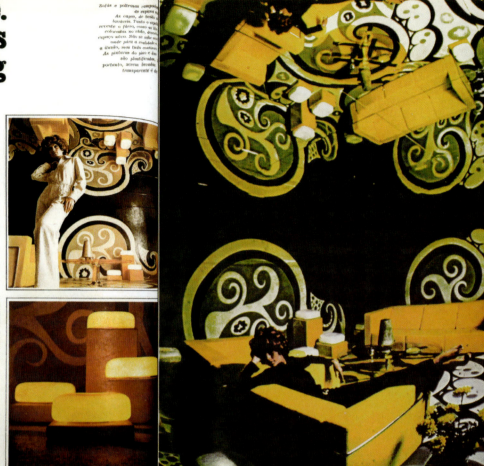

versão que participou da exposição no Masp "Mobiliário Brasileiro: premissas e realidade", em 1971, e ganhou o primeiro prêmio na II Bienal Internacional de Desenho Industrial do Rio de Janeiro, ainda em 1970 [Fig. 11]. Também dessa linha, porém provavelmente desenvolvida posteriormente, é uma mesinha de centro quadrada com o pé centralizado aflorando no tampo.

Sobre a pesquisa e uso de novos materiais, Ernesto afirmou em uma entrevista concedida à revista *Projeto & Construção*, em janeiro de 1971, que o plástico era um material interessante para se trabalhar

Fig. 26: Poltrona estofada. Imagem de *slide* [s.d.]. Acervo Georgia Hauner.

por oferecer "controle mais científico"[15] dos processos, ainda que a madeira permanecesse vantajosa em termos econômicos, e declarou:

> *Estamos atravessando uma fase difícil, porém fascinante, na pesquisa de novas matérias-primas. O plástico, nas suas várias composições químicas, surge com qualidades de material digno de uma expressão própria, após ter sido desprestigiado e associado com limitações vulgares e de mau gosto em geral. Até que enfim estamos livres de preconceitos e fórmulas rígidas que nos obrigavam a disfarçar encaixes e esconder parafusos.*[16]

---

15 "Arquitetura de interiores no Brasil". *Projeto & Construção*, São Paulo, n. 2, p. 41, jan. 1971.

16 *Ibidem*, pp. 41-42.

Novamente há de se pensar que a pesquisa para o lançamento de novos móveis e em novos materiais tinha uma dimensão comercial de criar diferenciais no mercado, e, para Judit Magyary, o desejo de desenvolver essas peças não vinha precisamente de uma demanda local, mas do cenário do design em uma escala mais ampliada:

> *Era porque eles eram inovadores mesmo, porque eles eram criadores, tanto Georgia como Ernesto. Então a moda, a tendência mundial ia mudando, e a Mobilinea estava sempre à frente. Mesmo esse negócio de móvel pintado, no Brasil; no começo foram só eles [...]. Aquelas mesas que têm aquela menina sentada, aquilo era aglomerado pintado com poliéster, mas eram várias demãos, era quase como uma laca chinesa o processo daquela pintura. Tinha câmara de pintura, com água no fundo e tudo, porque era um negócio muito sério (MAGYARY, 2014).*

Não obstante, Bibita Butcher lembrou-se que, durante sua experiência como gerente da loja da Mobilinea no Shopping Iguatemi, percebeu que o tampo riscava com facilidade, fazendo do móvel uma peça bonita, mas delicada, o que denota os contratempos de experimentar tecnologias diferentes.

Em maio de 1971, *Casa & Jardim* apresentou um perfil de Ernesto Hauner e da Mobilinea que é interessante especialmente por trazer uma tabela com todos os materiais e acabamentos com que a empresa trabalhava naquele momento, além do aço e fiberglass:

> *1) Materiais empregados na execução:*
> *a) Aglomerado*
> *b) Madeira maciça*
> *c) Folhas (jacarandá e amendoim)*
> *2) Acabamentos:*
> *a) Pintura poliéster*
> *b) Pintura poliuretano*
> *c) Verniz sobre as folhas*
> *3) Peças da estante:*
> *a) Montantes em várias alturas*

b) Prateleiras de amarração
c) Fundos
d) Portas
e) Gavetas
f) Prateleiras
g) Acessórios
4) Características:
a) Montagem e desmontagem executáveis pelo cliente
b) Estante componível
c) Transporte facilitado pela não existência de grandes volumes
d) Processo industrial na fabricação das peças, decorrendo disso maior precisão e menor custo
e) Utilização múltipla, tanto em residências como em ambientes coletivos[17]

Vemos o uso de chapa de madeira aglomerada tanto com revestimento em folha de madeira natural como pintada, além da permanência das madeiras maciças. É dado grande destaque aos sistemas de estantes modulares, reforçando serem componíveis, desmontáveis e adaptáveis para espaços residenciais ou corporativos.

Em julho desse mesmo ano, a Mobilinea participou mais uma vez da seção "C. J. Visita", de *Casa & Jardim*, dessa vez lançando a linha Prêt-à-Porter, desenvolvida por Ernesto Hauner com o auxílio de Yone Koseki Pierre. Percebia-se uma retomada na produção de peças mais simples e acessíveis, em chapa de madeira recortada, pintada ou folhada [Fig. 12]. Já havia alguma divulgação da linha, mas nesse momento oficializava-se que as peças passavam a ser entregues de um dia para o outro, o que implicava em um rigor nas suas modulações, bem como no sistema de construção e encaixes. As ferragens tipo "pino e tambor"[18] à mostra eram consideradas um atrativo, tendo sido desenvolvidas na própria fábrica por Plínio de Cerqueira Leite e feitas em uma empresa terceirizada. A pintura

---

17   "O móvel de hoje". *Casa & Jardim*, Rio de Janeiro, p. 20, maio 1971.

18   Nesse tipo de sistema de fixação, uma caixa conectora (tambor) é instalada na lateral do móvel e um parafuso (pino) atravessa o montante perpendicular a ele, de forma que sua cabeça é introduzida no centro do tambor, sendo apertado firmemente. Dessa maneira, o metal não desgasta a madeira a cada montagem, aumentando a vida útil do móvel e facilitando os processos de montagem na fábrica e na casa dos clientes.

era em poliuretano e as capas das almofadas eram de poliéster, sempre com zíperes. O puxador das portas de armários e gavetas fora desenvolvido por Ernesto e já vinha sendo divulgado havia pelo menos dois anos, mas se notabilizou nessa linha.

Nela, havia estantes, armários, buffets, carrinho de chá, cadeiras, poltronas, sofás, mesas de jantar redonda e retangular, mesas laterais, bancos e banquetas, cama de casal, cama de solteiro simples e com bicama, espelho, cabeceira para casal e solteiro, criado-mudo e cômodas. A cadeira divulgada é bastante semelhante ao modelo 101, mas os perfis passaram a ser roliços e o encosto em madeira compensada moldada.

Em catálogo localizado no acervo pessoal de Georgia Hauner foram encontradas as dimensões do sistema de estantes: os montantes têm 1,8 cm de espessura e eram disponíveis em alturas subdivisíveis e modulares entre 63,2 cm e 268 cm, sendo a altura mais comum 216,8 cm; em todos os casos, a profundidade dos móveis é de 43 cm, e, entre as estantes dessa linha localizadas para levantamento, foi possível aferir que a modulação da furação para encaixe dos módulos era de aproximadamente 12,5 cm. Como complementos, eram oferecidas prateleiras e meias prateleiras, corrediças para pasta suspensa, gaveteiros, portas e fundos, cabideiros e sapateiras [Fig. 27]. Na maioria das propagandas e editoriais que divulgavam essa linha, os móveis estão laqueados em branco, mas há peças coloridas, inclusive com mais de uma cor no mesmo móvel [Fig. 28].

Em janeiro de 1972, o jornal *Folha de S. Paulo* publicou uma matéria sobre uma mudança na legislação nacional que proibia a saída de madeiras maciças do Mato Grosso e, para avaliar o impacto da medida na indústria moveleira, foram entrevistados alguns representantes de móveis, incluindo Plínio de Cerqueira Leite, da Mobilinea. Ele disse que a empresa estava considerando comprar mogno da Amazônia, mas que usavam também madeira aglomerada laqueada com tinta poliuretano, além de folhas de madeira natural de jacarandá, amendoim e mogno, compradas em São Paulo.

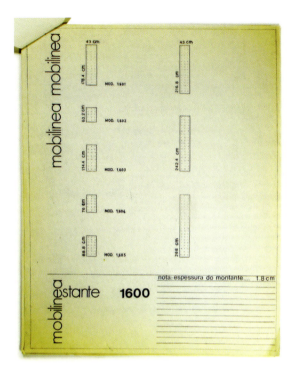

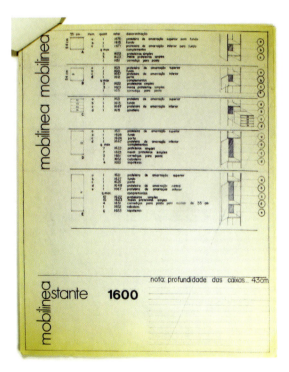

Fig. 27: Páginas do catálogo "Mobilinea estante 1600" [s.d.]. Acervo Georgia Hauner.

Fig. 28: Ambiente na loja da Mobilinea no Shopping Iguatemi. Imagem de *slide* [s.d.]. Acervo Georgia Hauner.

Georgia Hauner lembrou-se de que Ernesto comprava madeiras em uma empresa chamada Masul,[19] em São Paulo, e que, portanto, eles não tinham acesso direto às madeireiras, de forma que o impacto dessa situação teria sido sentido apenas enquanto reflexo na mudança de fornecedores terceirizados. Já a referência feita por Cerqueira Leite ao mogno não se reflete em nenhuma imagem ou descrição de peças da Mobilinea, ou seja, provavelmente não se concretizou.

Por fim, foi lançada no início dos anos 1970 uma versão dos móveis da Mobilinea fabricados em uma madeira chamada "magnólia". Sendo uma espécie pouco comum no Brasil e tradicionalmente não utilizada no setor moveleiro, essa nomenclatura devia dizer respeito somente à tonalidade do material, semelhante ao pinho; conforme atestam as propagandas, ela podia ser tingida, criando peças coloridas, mas onde ainda se viam os veios da madeira. A magnólia foi oferecida como opção na linha Prêt-à-Porter e em publicações foi localizada apenas na cor natural, como no apartamento de veraneio dos Hauner no Guarujá, publicado em *Casa Claudia* de agosto de 1974 [Figs. 29; 89].

A linha Prêt-à-Porter foi a mais divulgada nas propagandas da Mobilinea no início dos anos 1970, mas móveis com outras linguagens também foram lançados. Entre os que iriam explorar novos materiais estava uma cadeira para escritório e residência, selecionada para a III Bienal Internacional de Desenho Industrial do Rio de Janeiro em 1972, com pés em aço nas versões fixa, sobre rodízios[20] e com mesinha escolar. Os assentos tinham a cor incorporada à massa plástica e foram moldados nas indústrias Aliberti.

Houve ainda duas mesas que quase não foram divulgadas em propagandas, mas apareceram com frequência em imagens da

---

19 A razão social da empresa Masul S. A. Madeiras Sul-Americanas ainda existe e tem sua sede no bairro do Jabaquara, em São Paulo.

20 Georgia Hauner lembrou-se em entrevista de que os rodízios eram feitos a partir de bolas de bilhar coloridas, adaptadas para esse uso.

Fig. 29: Detalhes de ambientes com móveis da linha Prêt-à-Porter em magnólia. "Boa ideia: juntar dois apartamentos pequenos". *Casa de Claudia*, São Paulo, p. 74, ago. 1974. Acervo Abril Comunicações S. A.

Home Store (portanto produzidas entre 1973 e 1975). A primeira era composta por quatro módulos, aparentemente com pés metálicos e tampos em fiberglass; o centro da mesa era vazado e nele se acomodava uma pequena árvore, podendo ser usada em áreas externas ou internas [Figs. 30; 64]. A segunda mesa, mais simples, usava os mesmos materiais, mas com tampo redondo inteiriço e pé tubular em metal aparente. Essas novas peças, especialmente por seus materiais, ficavam em uma zona híbrida entre as linhas residencial e corporativa.

Ernesto havia projetado uma série de móveis para escritório, quase simultaneamente às primeiras estantes modulares, que vinham sendo desenvolvidos em paralelo às peças para uso residencial. É possível localizar em propagandas do fim da década de 1960 uma linha de móveis para escritório similar à Prêt-à-Porter, e que seguia a mesma modulação, sendo então intercambiáveis [Fig. 31]. Em 1973, essas peças foram divulgadas na versão pintada, o que é interessante para se pensar outra concepção de ambientes corporativos,

Fig. 30: Ambiente na loja da Home Store com mesa-canteiro. Acervo Georgia Hauner.

mais descontraídos. Havia também uma versão de mesas com pés metálicos, pintados ou aparentes, diversas cadeiras giratórias, poltronas, sofás e módulos de armazenamento.

Segundo relatos coletados para a pesquisa, uma segunda linha para escritório, desenvolvida nesse período, nunca foi comercializada para o público em geral, pois era produzida exclusivamente para o Banco Itaú e, infelizmente, não foram encontradas imagens ou registros desses móveis.

Finalmente, em 1974, a Mobilinea comprou os direitos de produção da linha de móveis de escritório L.CD., da empresa alemã Alex Linder, inaugurando uma terceira linha corporativa. Embora o desenho não tenha sido desenvolvido dentro da Mobilinea, descritivos dos materiais presentes em panfletos e catálogos de divulgação nos são úteis por listarem toda a tecnologia empregada em sua fabricação: nas

Fig. 31: Páginas de catálogo da linha
Mobilinea Escritórios [s.d.].
Acervo Georgia Hauner.

 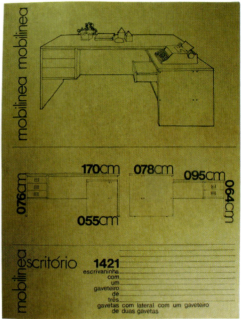

mesas de trabalho, os pés eram compostos por perfil duplo de alumínio anodizado, injetados lateralmente com poliuretano rígido; as cantoneiras eram em madeira maciça com acabamento em poliuretano; os tampos eram em chapa de aglomerado de madeira revestido com vinil ou em madeira maciça com verniz poliuretano; os gaveteiros, também de madeira aglomerada laqueada, tinham estrutura interna metálica e diversas combinações de gavetas. Todas as peças tinham acabamentos em preto, e havia também mesas para reunião, bancadas de apoio, gabinetes, divisórias e armários[21] [Fig. 32].

O que mais marcou o desenho e a fabricação dos móveis da Mobilinea durante esses dezesseis anos, acima de quaisquer diferenças formais, foi a consistência na produção de linhas e não de móveis avulsos sob

---

21   Ada Hauner lembrou-se em entrevista que essa linha foi comprada pela empresa Eternit.

medida. Também é notável que para os ambientes de estar, jantar, dormitórios de casal e de solteiro, essas linhas eram completas a ponto de permitirem que cômodos inteiros pudessem ser mobiliados com peças da empresa. O partido dos móveis em módulos componíveis, embora rígido como sistema, permitia uma elasticidade no sentido de adaptação a ambientes variados, compra em etapas

Fig. 32: Páginas de catálogo "Mobilínea apresenta a linha L. CD. de Alex Linder" [s.d.]. Acervo Georgia Hauner.

e personalização dos espaços sem a necessidade de contratar um projeto especial. A possibilidade de combinar móveis residenciais e corporativos também contribuía nesse sentido.

Foram encontradas referências de móveis de madeira vendidos com pintura em branco, amarelo-claro, amarelo-ouro, vermelho, azul-claro, azul-escuro, verde-limão, verde-escuro, laranja e preto. Nos anos examinados, as únicas madeiras aparentes oferecidas em propagandas e editoriais foram jacarandá, amendoim e magnólia. As peças em aço, fiberglass e acrílico funcionavam como um contraponto a essas peças mais básicas, e tinham também certa diversidade de cor nos acabamentos.

Os revestimentos de estofados para peças dos showrooms e propagandas eram escolhidos por Georgia Hauner, mas, entre os que eram oferecidos para venda, é possível localizar algumas características centrais: desde 1966 as capas tinham zíperes para que pudessem ser lavadas e trocadas, eram normalmente em algodão liso e em cores alegres, e o couro natural também era bastante utilizado. Em 1969, uma poltrona estofada foi anunciada com revestimento em tecido rosa-choque, de fibra acrílica lavável e que não desbotava, de Elisabeth Wilheim,[22] feito exclusivamente para a Mobilinea. Pode-se supor que essa parceria se estendia para outras cores, embora Bibita Butcher tenha se lembrado que também compravam muitos tecidos da Formatex. A partir da criação da Home Store, ganharam destaque as almofadas em brim, material à época não utilizado na decoração e de certa forma ainda pouco comum mesmo no vestuário nacional.

Chama a atenção finalmente que, até a saída dos Hauner, as linhas entravam em produção e não eram interrompidas, indicando constante crescimento na capacidade produtiva da empresa [Fig. 33], como também pode ser observado pela expansão dos pontos de venda.

---

22   À época, Elisabeth Wilheim era uma importante fabricante de tecidos.

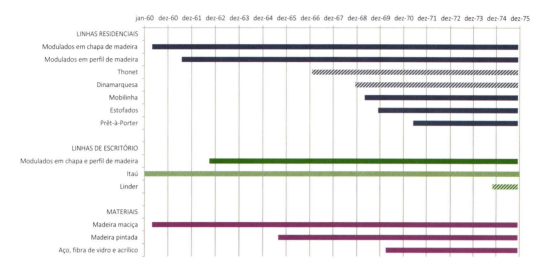

Fig. 33: Gráfico das linhas produzidas e comercializadas pela Mobilínea entre 1960 e 1975, realizado a partir do levantamento de periódicos.

AS LOJAS E A COMERCIALIZAÇÃO DE IDEIAS

O endereço inicial da Ernesto Hauner Decorações era na Barra Funda, em São Paulo. Lá ficava a fábrica, o escritório de projetos, a administração e também um pequeno showroom. Provavelmente a empresa se estabelecera ali desde 1959, mas o primeiro registro encontrado foi em uma propaganda de maio de 1960 e o último pouco mais de um ano depois, em outubro de 1961. Segundo depoimento de Jorge Kornbluh, que auxiliou Ernesto na administração da empresa entre 1959 e 1960, não havia ali exatamente uma loja, apenas algumas peças montadas à frente da fábrica para mostrar aos compradores as opções de composição das estantes. Embora já fossem modulares e componíveis, eram feitas apenas sob encomenda, e Jorge lembrou-se de serem caras, ficando restritas a um público de poder aquisitivo mais alto e de um círculo social reduzido (cf. KORNBLUH, 2013).

design à venda | 113

Entre março e agosto de 1961, propagandas da Ernesto Hauner Decorações divulgaram também um endereço de comercialização no Rio de Janeiro, mais especificamente em Copacabana, no mesmo endereço da Galeria Penguin, galeria de arte fundada por Ada Hauner e seu marido Roberto Consolaro no pavimento inferior da Livraria Penguin. Por essa condição, esse ponto parece ter sido mais uma conveniência do que uma ação planejada, uma vez que uma expansão organizada para outros estados viria a acontecer apenas alguns anos depois.

Em 1962, a fábrica da Mobilinea se mudou para outro endereço, também na Barra Funda, já desvinculada do espaço comercial. Lá, permaneceram os departamentos de projeto e administração, sendo, portanto, local de trabalho de Ernesto e John de Souza, que naquele momento se associava à empresa, injetando-lhe novo capital que possibilitava essa expansão. Yone Koseki Pierre lembrou-se em entrevista de que o escritório ficava lá, em um pequeno cômodo na parte da frente do galpão e que o restante do espaço era aberto, onde iam-se acomodando as máquinas que eram adquiridas conforme as necessidades de fabricação.

Concomitantemente à nova fábrica, foi inaugurada uma loja à rua Augusta, na Consolação. Os clientes eram inicialmente atendidos por uma vendedora, mas caso quisessem um projeto de interiores completo, era chamada a decoradora de plantão, que discutia suas necessidades, fazia um levantamento dos espaços em sua casa e apresentava um projeto por meio de plantas e perspectivas feitas em papel vegetal à nanquim e canetas coloridas, colados em uma cartolina duplex branca. O pagamento era feito com a gerente, responsável por negociar parcelas, prazos e descontos (salvo compras grandes, quando era consultada a fábrica). Ernesto passava todos os dias na loja para pegar os pedidos e deixar amostras de madeiras ou tecidos, e esse hábito manteve-se até a Home Store. Era essa a principal articulação entre fabricação e venda, pois era naquele momento que as funcionárias das lojas podiam relatar a aceitação das peças e possíveis demandas de clientes, bem como o designer podia apresentar novos projetos e suas especificações técnicas para que elas pudessem explicá-los no momento do atendimento.

Inicialmente, a loja da Augusta foi gerenciada por Monica e Yone Koseki Pierre, que atuava como decoradora, atendendo a clientes e fazendo projetos. Quando a loja do Shopping Iguatemi foi aberta em 1966, Monica foi transferida para lá e Bibita Butcher entrou em seu lugar na Augusta. Pouco depois, Judit Magyary foi contratada e trabalhou como vendedora na Augusta, função que ela descreveu como a de uma "tiradora de pedidos", pois consistia principalmente em definir a quantidade de montantes, prateleiras e caixas a serem solicitadas à fábrica.

Georgia Hauner vinha organizando a imagem da empresa desde o pequeno showroom na Barra Funda e havia iniciado seu pequeno negócio fabricando luminárias de papel inspiradas na empresa de design dinamarquesa Le Klint. Com o tempo, a complexidade dos projetos e as demandas de trabalho foram aumentando, de forma que ela contratou uma pequena equipe e se estabeleceram em um apartamento no mesmo prédio na rua Augusta cujo térreo era ocupado pela loja da Mobilinea. Com dobras curvas, aplicação de tecido e passamanaria, essas luminárias foram pensadas para serem vendidas na própria empresa, preenchendo os espaços vazios entre os móveis e o teto da loja [Figs. 10; 34-35; 37-45].

Judit Magyary descreveu a loja, como a conheceu em 1965, da seguinte maneira: a fachada era estreita e tinha um ambiente de vitrine, com a entrada por um corredor lateral; atravessando-o, havia um ambiente de estar e a mesa de vendas. Depois, passava-se por outro corredor cuja parede tinha montantes de madeira entre os quais havia sido fixado um revestimento em papel dobrado como as luminárias de Georgia, que era iluminado por trás de forma que imaginava-se estar atravessando uma área externa, embora houvesse apenas uma parede. Desse corredor, chegava-se enfim a um espaço maior onde havia mais ambientes montados, e, ao fundo, ficava um pequeno depósito e o escritório.

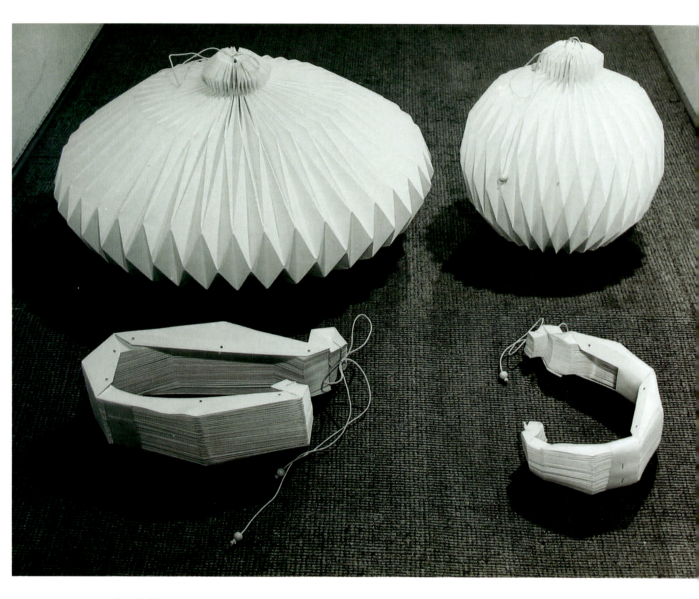

Figs. 34-35: Luminárias em papel feitas por Georgia Hauner, dobradas e montadas [s.d.]. Acervo Georgia Hauner.

Quando Yone foi para a fábrica trabalhar com Ernesto, Judit, que atuava então como sua assistente, assumiu o cargo de decoradora na loja. Nesse período ela teve um estreito convívio com Georgia, o que a ajudou a entender bem a imagem da Mobilinea, de forma que se tornou responsável pelo desenvolvimento de alguns layouts da loja, incluindo nisso sua marca pessoal. Uma das vitrines que ela se lembra de ter feito foi com móveis laqueados em branco, iluminados por luz negra, à época uma grande novidade na cidade. Outra prática adotada pela Mobilinea foi incluir nos projetos apresentados alguns móveis de design europeu consagrado (ao que foi possível aferir, normalmente peças comercializadas pela Forma), a fim de mostrar como compor ambientes de maneira mais integrada. Para Judit, essa estratégia inspirava confiança nos clientes, por apresentar o que genuinamente ficaria melhor em suas casas, sem a obrigação de obter todas as peças de uma única empresa.

A partir desse tipo de tática, aliada às luminárias de papel, à customização de tecidos para estofamento das peças de showroom e à inserção de objetos artesanais acompanhando os móveis nos espaços expositivos, começou a se desenvolver na Mobilinea uma cultura de não apenas comercializar móveis, mas vender ambiências que representassem certo estilo de vida. A partir disso, entende-se por que foi aberta uma pequena galeria de arte dentro da loja da rua Augusta, e, embora não tenha havido muitas propagandas dos móveis da Mobilinea nesse período, seu endereço estava constantemente na agenda cultural dos principais jornais paulistas, dando alguma relevância à marca. A partir do levantamento nesses periódicos, foi possível localizar as principais exposições realizadas ali entre 1963 e 1966, quando deixaram de ocorrer provavelmente por causa da inauguração da loja da Mobilinea no Shopping Iguatemi. Entre outros, tiveram suas obras expostas lá: Antônio Henrique Amaral, Francisco Amendola, Bassano Vaccarini, Roberto Moriconi, Tomoshige Kusuno, Ubirajara Ribeiro, Sergio Ferro, Claudius, Ziraldo, Walter Bacci, Moussia Pinto Alves, Maurício Nogueira Lima e Elke Hering.

Grande parte dos artistas que expuseram na Mobilinea da Augusta eram arquitetos de formação e/ou imigrantes, o que pode ser entendido pelas próprias inserções sociais dos sócios e funcionários da empresa: John de Souza era professor na FAU-USP; Ernesto Hauner estava bem conectado ao círculo de imigrantes italianos; Georgia Hauner, por ter se formado na Graded School e, pelos contatos de seus pais, também tinha um círculo de amigos imigrantes de alguma maneira envolvidos no campo da cultura; e, de acordo com Judit Magyary, era Monica quem estava encarregada de encontrar os artistas e organizar essas exposições, provavelmente pertencendo então aos mesmos círculos que os demais.

Quando, em 1965, a Mobilinea divulgou móveis laqueados em cores vibrantes na propaganda com patinhos [Fig. 19], também anunciou uma série de novos endereços para a compra de suas peças em outros estados brasileiros, evidenciando que nesses primeiros anos de atuação havia conseguido capital para se afirmar no campo do

118 | mobilinea

design em uma escala mais ampliada. Foi reaberto um endereço no Rio de Janeiro, dessa vez em Ipanema, loja que viria a ser gerenciada por uma pessoa identificada como Jazel (e que depois iria trabalhar na fábrica em São Paulo). Além disso, firmaram-se acordos de revenda com a loja Morada Arquitetura de Interiores, no centro de Belo Horizonte, e com a Móveis Ralf, no centro de Salvador. No ano seguinte surgiu um terceiro endereço de revenda em Goiânia, na Taba Móveis e Decor, no centro da cidade, mas que deixou de ser divulgado ainda em 1966. Como veremos, os pontos de venda no Rio, em Minas Gerais e na Bahia também passaram por transformações mas ficaram ativos por mais tempo, e vale notar que essa expansão se dava não apenas por uma valorização e crescimento da marca Mobilinea, mas porque cidades em outros estados brasileiros também passavam por processos de urbanização e verticalização acelerada, abrindo assim novos mercados.[23]

No anúncio dos patinhos, aparece também um novo endereço na cidade de São Paulo paralelo ao da rua Augusta: na galeria do Edifício Zarvos, à avenida São Luís, no centro da cidade. Segundo Judit Magyary, essa loja tinha cinco ou seis ambientes de vitrine e, embora fosse pequena, era "toda cheia dos charminhos" (MAGYARY, 2014). Originalmente esse endereço funcionou como ponto de venda de todas as linhas da Mobilinea, mas, aos poucos, foi se organizando como um endereço apenas dos móveis de escritório, posteriormente gerenciado por Ada Hauner.

No ano seguinte, o primeiro shopping center de São Paulo foi inaugurado, à rua Iguatemi, 1.191,[24] incorporado pela Construtora Alfredo Mathias, com projeto de 35.000 m² desenvolvido pelo escritório Croce, Aflalo & Gasperini em parceria com João Henrique da Rocha (cf. SANTOS, 2013). O Shopping Iguatemi anunciou amplamente sua chegada, principalmente nos jornais *Folha de S.Paulo* e

---

23 Sobre a Móveis Ralf (revenda da Mobilinea entre 1965 e 1971) e o mercado de decoração soteropolitano, ver PESSÔA (2007).

24 Atual avenida Brigadeiro Faria Lima, 2.232.

O Estado de S. Paulo e, como era um conceito bastante novo, muitas dessas propagandas se dedicavam a efetivamente explicar como seria seu funcionamento. Em agosto de 1966, anunciaram em uma propaganda na *Folha*:

> *As mais famosas lojas de S. Paulo – as mais populares, as de maior sortimento, as de melhores preços – estarão instaladas e funcionando no Shopping Center Iguatemi, a partir de novembro próximo. Não há mais uma só loja vazia. Iguatemi, assim, abrirá as suas portas com 100% da sua área de venda ocupada, vendendo 6 bilhões de cruzeiros por mês a mais de meio milhão de consumidores.*[25]

A inauguração ocorreu em 27 de novembro de 1966, conforme divulgado em *O Estado de S. Paulo*, com shows de Chico Buarque e Nara Leão, Chico Anízio, Eliana e Booker Pitmann, e Caçulinha e seu Conjunto. Nesse mesmo anúncio, foram listadas todas as lojas que faziam parte do empreendimento, e havia uma quantidade razoável de lojas voltadas à venda de móveis e objetos decorativos, várias lojas de acessórios para a casa e ainda uma livraria e uma loja de discos, tal como haveria na Home Store, que nessa perspectiva se colocaria quase como uma concorrente do Shopping.

Não foi possível compreender exatamente como se deu o convite ou solicitação para que a Mobilinea participasse do empreendimento na posição de destaque que assumiu, sendo uma das lojas-âncoras e ocupando 500 m² com total liberdade para organizar seu espaço interno. O que se percebe é que essa ação foi um marco no crescimento da empresa, concomitante à abertura das revendas em Salvador e Goiânia, com impacto imediato no aumento da exposição da marca nos jornais paulistas e na revista *Casa & Jardim*, e com reflexos a médio e longo prazos ainda mais significativos.

---

25 Propaganda Shopping Iguatemi, "O ponto que nasce feito". *Folha de S.Paulo*, São Paulo, p. 5, 28 ago. 1966. Primeiro Caderno.

Yone Koseki Pierre, arquiteta da equipe, foi responsável pelo projeto executivo e pelo acompanhamento da obra da loja, conceituada por Georgia Hauner, com contribuições de diversos funcionários da Mobilinea. Nesses anos começava a se tornar habitual construir desníveis nas casas para separar ambientes, e Yone trouxe a ideia para Georgia, que levou a ideia ao extremo, criando novos pavimentos na loja, conforme relata:

Descobri que podíamos cavar o piso do andar térreo do shopping e projetei ali três níveis à vista das vitrines. A entrada permaneceu no mesmo nível, uma área em primeiro plano mais baixa de meio andar, e em segundo plano, um nível na altura dos olhos, para quem observava de fora. Isto separou as exposições sem vedar a vista geral do espaço. Aproveitei para a alvenaria nova criar degraus que formavam assentos, paredes baixas para encostar móveis e paredes divisórias rústicas, vazadas, com luz embutida para expor objetos. As estantes de linha do Ernesto eram desmontáveis e moduladas, autoportantes e acabadas de todos os lados, portanto podiam ser colocadas para dividir os espaços de maneira diferente a cada mudança de exposição. Incluí no projeto alguns elementos fixos: uma lareira revestida de pedra-sabão que dividia dois níveis de piso, e que permitia ver o fogo de ambos. Uma escadinha em caracol vazada, que separava ambientes e levava para os escritórios situados no mezanino. Os escritórios também eram abertos, separados somente pela altura e por algumas estantes desmontáveis.[26]

A fachada da loja era revestida com ripas de jacarandá e possuía janelas redondas, por onde se via o interior da loja [Fig. 36]. Como o primeiro plano havia sido rebaixado, era possível vê-lo na parte inferior e, olhando em frente, via-se um segundo ambiente, mais elevado, chamado de "palquinho" [Figs. 37-38]. Além das estantes da Mobilinea, da parede vazada e da lareira em pedra-sabão, também serviam como divisores de ambientes plantas e cortinas em materiais diversos, e caixas-piso modulares que criavam novos desníveis. A iluminação variava entre cênica e natural, de acordo

---

26 Georgia Hauner, *Showrooms, fotografias, artesanato*, cit., p. 3.

design à venda |121

com o espaço que exibiam, e não havia móveis soltos: estavam sempre compondo ambientes, fossem de estar, jantar, dormitórios ou escritórios [Figs. 10; 39-45].

Nestas imagens, é possível ver uma série de elementos usados por Georgia na composição dos ambientes, como divisórias, feitas a partir de cortinas de contas e discos de madeiras; quadros e gravuras; garrafas de vidro colorido; elementos artesanais, como bordados; antiguidades, como estátuas religiosas; funcionais, como uma máquina de escrever; e inusitadas, como um violino ou uma gaiola. Todos eles contribuíam com novas cores, materiais e texturas às peças retas em madeira e davam caráter aos ambientes, tornando-os memoráveis.

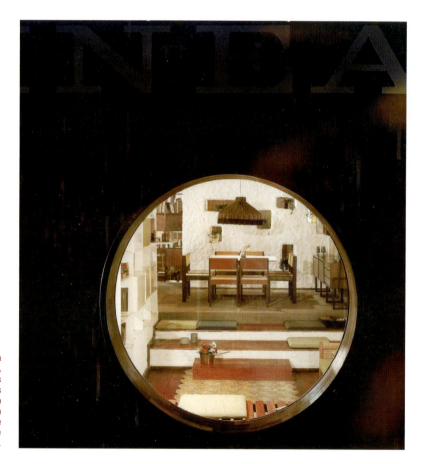

Fig. 36: Parte da fachada da loja no Shopping Iguatemi, revelando alguns dos ambientes internos (por causa das letras impressas na parte superior da imagem, supõe-se ter sido usada na elaboração de algum tipo de divulgação). Imagem de *slide* [s.d.]. Acervo Georgia Hauner.

Fig. 37: Vista interna da loja Mobilinea no Shopping Iguatemi com a vitrine redonda à direita, o ambiente rebaixado ao centro e o palquinho à esquerda. Imagem de *slide* [s.d.]. Acervo Georgia Hauner.

Fig. 38: Vista interna da loja Mobilinea no Shopping Iguatemi a partir da vitrine, mostrando em primeiro plano o ambiente rebaixado e à frente o palquinho e a parede vazada à esquerda. Imagem de *slide* [s.d.]. Acervo Georgia Hauner.

Fig. 39: Ambiente de estar na loja Mobilinea no Shopping Iguatemi. Imagem de *slide* [s.d.]. Acervo Georgia Hauner.

Fig. 40: Ambientes de estar, jantar e dormitórios, separados por pisos elevados na loja Mobilinea no Shopping Iguatemi. Imagem de *slide* [s.d.]. Acervo Georgia Hauner.

Fig. 41: Ambiente de estar em frente à abertura superior da lareira na loja Mobilinea no Shopping Iguatemi. Imagem de *slide* [s.d.]. Acervo Georgia Hauner.

Fig. 42: Ambiente de estar em frente à abertura inferior da lareira, com escada caracol que dava acesso aos escritórios na loja Mobilínea no Shopping Iguatemi. Imagem de *slide* [s.d.]. Acervo Georgia Hauner.

Fig. 43: Ambiente de escritórios com parede de ripas de jacarandá da fachada ao fundo na loja Mobilinea no Shopping Iguatemi. Imagem de *slide* [s.d.]. Acervo Georgia Hauner.

Fig. 44: Ambiente de dormitório com iluminação natural e poltrona Armando Cerello (não era vendida na Mobilinea; como a gaiola, foi colocada apenas para completar a composição) na loja Mobilinea no Shopping Iguatemi. Imagem de *slide* [s.d.]. Acervo Georgia Hauner.

Fig. 45: Ambiente de dormitório com janela interna ao Shopping Iguatemi. Imagem de *slide* [s.d.]. Acervo Georgia Hauner.

Judit lembrou-se de uma vitrine que executou no palquinho para a primeira poltrona em blocos de poliéster [Fig. 26]: foram compradas cortinas de plástico usadas para porta de açougue em tons de roxo, vinho, vermelho e rosa, fixadas por ela e Carmine, chefe de montagem na fábrica, de piso a teto em um desenho ondulado com várias camadas e misturando tons, formando o que ela descreveu como uma "aurora boreal de tiras de plástico", à frente da qual foram expostas as peças [Fig. 46].

No lançamento da poltrona com chassi metálico, alguns meses depois, foi montado no palquinho o ambiente para sala de estar com piso e paredes pintados com motivos "psicodélicos", com teto espelhado, publicado posteriormente em *Casa & Jardim* [Figs. 25 e 47]. O motivo da pintura foi escolhido por Georgia, responsável pela concepção dessa vitrine, e foi executado por Ernestinho, pintor da fábrica.

Os ambientes da loja, incluindo seus objetos decorativos, eram também pensados de forma a servirem para imagens publicitárias. Alguns dos acessórios desenvolvidos para a loja do Shopping Iguatemi passaram a ser comercializados regularmente, como tapetes, toalhas e almofadas. Em alguns casos, foram feitas adaptações para esse comércio, como no caso das almofadas da "mulher deitada" ou a colcha Romeu e Julieta, ambas criadas por Georgia Hauner, inicialmente bordadas a mão e depois comercializadas com serigrafias [Figs. 91 e 94].

Com o tempo, a importância da comercialização desses objetos decorativos tornou-se tal que todo o pavimento inferior da loja passou a ser exclusivo para sua exposição. Alguns eram fabricados na própria Mobilinea, outros eram deixados em consignação por artistas e arquitetos, e havia ainda peças garimpadas por Judit. Ela lembrou-se de caixinhas e pequenos objetos de madeira esculpidos, flores de arame com resina colorida feitos por Wilson Chica e um amigo, grandes flores de papel crepom (baseadas em flores de papel típicas do México), objetos de pedra-sabão trazidos de Minas Gerais, potes de barro do

Fig. 46: Projeto para layout da loja Mobilinea no Shopping Iguatemi. À esquerda vê-se a entrada, de onde podia-se seguir adiante para a exposição no interior da loja, descer meio nível à direita para o ambiente montado junto à vitrine, ou subir meio nível para acessar o palquinho. Cópia de desenho original de Judit Magyary, c. 1969. Acervo Georgia Hauner.

design à venda | 133

Fig. 47: Foto do palquinho com vitrine "psicodélica" visto de outros ângulos, mostrando parte da loja Mobilinea no Shopping Iguatemi e os refletores da fotografia, 1970. Acervo Georgia Hauner.

Alto São Francisco, vasos de vidro quadrados em diversos tamanhos, joias e louças. Judit afirmou que havia pessoas que iam à Mobilinea no Iguatemi apenas para comprar esses objetos, pois havia poucas lojas do tipo em São Paulo. A Galeria Mobilinea não teve continuidade no novo endereço, mas sempre houve telas expostas na loja, emprestadas dos sócios da Mobilinea ou pelos próprios artistas, como Paulo Becker, Ubirajara, Aldemir Martins e Saragoza, que tiveram seus trabalhos divulgados em diversas propagandas da empresa.

Havia quatro vendedoras na loja, uma gerente e uma responsável por apresentar projetos de interiores. As funcionárias que trabalharam lá e deram depoimentos para essa pesquisa lembram-se de a loja estar constantemente vazia, pois o shopping à época era pouco visitado como um todo, mas falaram que a tornavam aconchegante e convidativa, exemplificando que no inverno a lareira era acesa e serviam chá a quem lá entrasse. O público que comprava móveis continuava sendo de um nível social e intelectual mais elevado, e normalmente iam mulheres acompanhadas de arquitetos, os maridos por vezes aparecendo no dia de pagar pela compra. Havia algum estoque das peças que compunham os móveis, mas os acabamentos eram dados conforme pedido, em qualquer combinação entre as cores e madeiras oferecidas. Os móveis sem revestimento ainda eram bastante populares, mas a identificação com o móvel moderno era por meio da pintura branca. Além disso, parece ter havido "modas" de outras cores, a exemplo do vermelho ou do verde, por estarem na vitrine ou serem divulgadas em algum editorial de revista.

Foram mencionadas ocasiões em que a Mobilinea recebeu clientes ilustres, quando a loja era fechada para recebê-los com exclusividade. Em outras situações, aconteciam eventos que não interrompiam as atividades de venda e até se tornavam um atrativo, como Georgia explicou:

> *O showroom chamava a atenção e tínhamos constantes pedidos para permitir o uso dos nossos ambientes para eventos vários, tais como desfiles de moda, apresentações, reportagens, filmagens e fotografias. Era um lugar de encontro dos clientes com arquitetos e decoradores, artistas que organizavam mostras, John de Souza e Ernesto que encontravam com clientes e amigos. Eu aprontava montagens especiais para fotografias de promoção da Mobilinea, para revistas de decoração, e de vez em quando para outros clientes. Notei que o público era prestativo, oferecendo-se para segurar um refletor, ou afastar fios de luz que invadiam a passagem de modelos. Havia um clima de colaboração e muito interesse no que estava se passando. Numa ocasião aprontei uma área para a filmagem de uma comédia intitulada: "A garçonière de meu marido". A filmagem era feita durante a noite, mas os vários equipamentos ficavam à vista durante o dia e despertavam muita curiosidade por parte do público.[27]*

A maior parte desses eventos no shopping não tiveram registros, mas foram localizadas imagens no acervo pessoal de Georgia Hauner da montagem da fotografia do palquinho e do ambiente de quarto, que estava na vitrine rebaixada nesse mesmo período [Figs. 47-48].

---

27   *Ibidem.*

Fig. 48: Ambiente de dormitório na vitrine da loja do Shopping Iguatemi, montado simultaneamente ao palquinho "psicodélico".
1970. Acervo Georgia Hauner.

A filmagem a que Georgia Hauner se refere é um dos três episódios do filme *A arte de amar... bem*, dirigido por Fernando de Barros e lançado em 1970, intitulado "A Garçonière de meu Marido". Nele,

> Gardênia descobre que seu marido, o piloto de provas Iseu, tem uma garçonière. Vai até lá com sua amiga Vivinha e fica admirada com o luxo do ambiente e resolve vestir um peignoir e se maquilar glamurosamente. Quando Iseu chega pensa que sua mulher é uma desconhecida e tenta conquistá-la. Gardênia faz um escândalo, mas termina cedendo à paixão de Iseu, um homem muito diferente daquele que conhece no lar. O casal resolve encontrar-se sempre na garçonière, para o desespero dos outros participantes e criando graves problemas para um teleator e sua mulher.[28]

---

[28] Ficha do filme no banco de dados da Cinemateca Brasileira. Disponível em: http://www.cinemateca.gov.br/pagina/filmografia-brasileira. Acesso em 16-7-2014. (Acesse o catálogo no final da página e procure pelo nome do filme.)

A garçonière descrita nessa sinopse é caracterizada, no filme, pela personagem Gardênia como um lugar "tão diferente de casa... Tão bom, tão caro, tão chique!",[29] e era a loja da Mobilinea. O *set* foi montado no ambiente da lareira, com móveis laqueados em branco, capas de estofados turquesa e almofadas verdes. A fala de Gardênia é muito significativa porque revela uma visão talvez comum de que um espaço como aquele tinha algo de novo e diferente, ao mesmo tempo que desejado, e nesse desejo entravam ideias de que aquela vida moderna estava aliada a um padrão de vida mais elevado.

Em todo caso, mesmo sem ter móveis que de fato chegassem a preços populares, a Mobilinea continuava prosperando. Uma nova expansão dos pontos de venda fora divulgada em 1968 em *Casa & Jardim*, citando, além dos quatro endereços em São Paulo (a fábrica na rua do Bosque e as lojas na rua Augusta, na Galeria Zarvos e no Shopping Iguatemi), da loja no Rio de Janeiro e das revendas em Belo Horizonte e Salvador:[30] revenda em Belém na loja Casabella, no bairro de Nazaré; e na loja ARC Decorações, no centro de Uberlândia. No ano seguinte, se desvincularam da revenda em Belo Horizonte e abriram uma loja própria na capital mineira, também no centro da cidade, e uma revenda no Recife na Boa Vista, na loja L. C. Andrade. Houve ainda um endereço em Porto Alegre, que viria a se estabelecer mais solidamente apenas em 1971 na loja Sergio Mendes Ribeiro & Cia. Azenha, e um ponto de revenda em Manaus, no centro, mas que foi divulgado apenas ao longo de 1968.

O certo é que uma década após sua fundação, a Mobilinea chegou a ter suas peças comercializadas em onze endereços de oito estados brasileiros quase simultaneamente, com algumas tentativas de expansão internacional. Um panfleto da empresa mexicana Lopes Morton, que iria comercializar móveis de escritórios da Mobilinea sob o nome KX Mobilinea, é interessante não só por apresentar toda

---

29   Excerto do filme disponibilizado online. Disponível em:
https://www.youtube.com/watch?feature=player_embedded&v=JhPNZN2dPVI. Acesso em 21-8-2014.

30   Em 1971, a revenda na capital baiana mudou da Ralf Decorações para a Iluminação de Ambientes.

a linha, mas principalmente porque nela estão muitas das vendedoras da Mobilinea, que não raro eram chamadas para posarem como modelos nas fotos de divulgação. Judit ajudava Georgia nas produções e normalmente levava algum figurino especial, mas Bibita disse em entrevista que ela e as outras vendedoras eram chamadas para posar para fotos durante o expediente, de forma que eram retratadas com a roupa que estivessem usando para trabalhar. Assim, é seguro dizer que um cliente que entrasse na loja da Mobilinea provavelmente seria atendido por mulheres jovens, de vestidos curtos em cores fortes, representando elas mesmas esse ideal de modernidade que se buscava veicular pelos ambientes das lojas.

Em São Paulo, a loja da rua Augusta funcionou até o final de 1969 e, pelo que as entrevistas relatam, a decisão de desativá-la se deu porque a loja do Shopping Iguatemi havia se consolidado como o endereço sede dos móveis residenciais Mobilinea. Por outro lado, o ponto na Zarvos seguia estável e um novo endereço da linha de escritórios foi inaugurado na galeria do Edifício Louvre, à avenida São Luís. Segundo Georgia,

> *Na Galeria Zarvos da avenida São Luís, fiz exposições com grandes pinturas nas paredes e teto. Os escritórios se tornaram mais personalizados e menos austeros. Depois de alguns anos, o espaço da Zarvos ficou insuficiente para as nossas exposições e projetei uma loja maior, em outro prédio da avenida São Luís. No projeto novo, fiz uma escada aberta, quadrada, que subia para um mezanino, também aberto. Para evitar a linha horizontal de um corrimão, fiz a proteção com fios de arame esticados entre teto e piso, parecendo cordas de harpa, ou violão. Ficou bonito, pois os fios refletiam a iluminação. Durante as obras descobri que atrás da parede de fundo existia um triângulo de espaço descoberto, entre o nosso e os prédios vizinhos. Uma investigação revelou que o espaço estava disponível. Então aproveitei para pôr caixas com plantas e trepadeiras para subir nas paredes de concreto e transformar aquilo num pequeno jardim, acessível à exposição.[31]*

---

31 Georgia Hauner, *Showrooms, fotografias, artesanato*, cit., p. 3.

Em 1972, essa loja passou por um incêndio, conforme divulgado em *A Folha de S.Paulo*:

> *Pelo menos 25 lojas, das 48 instaladas na parte térrea e na sobreloja do Edifício Louvre, na avenida São Luís, 192, foram atingidas ontem por um incêndio que começou um pouco depois da zero hora, por causas que até agora não foram esclarecidas. Das 25 (a maioria firmas de investimentos e de turismo) seis foram totalmente destruídas: quatro pertencentes a Haspa, uma organização de crédito, financiamento e investimento, uma à Nacional Turismo e a outra a Mobilinea.*[32]

Segundo Ada Hauner, o prejuízo na Mobilinea resumiu-se a tapetes e papeis molhados e, como a loja continuou sendo listada em endereços depois disso, supõe-se que foi possível recuperá-la. Já a fábrica passava por pequenas adaptações em função de novas peças ou demandas, mas o impacto maior foi com a introdução do sistema Prêt-à-Porter, que implicava não só na compra de maquinário novo, mas em uma nova gestão da produção. O sistema de pronta-entrega funcionou bem. A fábrica havia se mudado, ou expandido, para um terceiro endereço na Barra Funda, no final da década de 1960, e logo em seguida teve início a construção de uma nova fábrica no bairro do Campo Limpo, que seria inaugurada em 1973.

Uma série de mudanças mais amplas estava tomando corpo na Mobilinea nesse período com a entrada de novos sócios, entre as quais a mais significativa foi a decisão de construir a Home Store, inaugurada também em 1973. Isso significou não só um investimento grande, como um reposicionamento da marca e, com ele, uma reestruturação de todos os pontos de venda da Mobilinea. Os endereços das lojas na Galeria Zarvos, em Belo Horizonte, Uberlândia, Belém, Porto Alegre e Recife foram divulgados pela última vez em junho de 1972, fechando um ciclo importante na

---

32 "O incêndio e o pânico no Edifício Louvre". *Folha de S.Paulo*, São Paulo, p. 12, 8 dez. 1972. Primeiro Caderno.

história da empresa. Intui-se que essa decisão tenha sido tomada para cortar gastos em função do novo empreendimento, mas parece ter sido uma escolha mais conceitual do que financeira.

No ano seguinte, as publicações sobre a Mobilinea divulgaram quase exclusivamente o endereço da Home Store, à exceção de uma reportagem em *Claudia Decoração* de julho de 1973, onde todas as lojas em funcionamento foram listadas. Em São Paulo permaneciam as lojas do Edifício Louvre e do Iguatemi; no Rio de Janeiro, a loja não só fora mantida, como ampliada, além de abrirem um segundo endereço. Além disso, reapareceram cidades em que a Mobilinea já havia atuado, mas em novos endereços, sempre em regiões centrais e valorizadas das cidades, nominalmente em Salvador, Belo Horizonte e Porto Alegre. Finalmente, inauguraram pontos de venda em Brasília e Curitiba. Em nenhum desses endereços está indicado algum nome de revenda, podendo-se supor terem sido todas lojas próprias, ou em algum sistema de franquia.

No caso de Brasília é possível comprovar a centralização na gestão, pois foram encontrados projetos realizados por Georgia Hauner e Yone Koseki Pierre para sua fachada e ocupação interior. De forma simplificada, os layouts propostos refletem o mesmo raciocínio de ocupação vistos nas imagens do Iguatemi, como pisos elevados, revestimentos em algumas paredes de destaque, composições com quadros e uso de vegetação, além de uma disposição dos móveis sugerindo ambientes domésticos reais.

Depois de 1973, até a loja do Shopping Iguatemi deixou de ser mencionada em propagandas, restando apenas a Home Store e a loja do Edifício Louvre, mas não há por que imaginar que os espaços em outros estados tenham sido fechados. De todo modo, nesse momento Ernesto e John estavam deslocados de um papel decisório nos rumos da empresa, e muitas das funcionárias que haviam tido uma participação ativa nas lojas ao longo dos últimos anos foram demitidas ou se afastaram, o que encerrava aquela maneira de construir e vender os ambientes da Mobilinea e aquela forma de expansão da empresa.

A partir do levantamento de periódicos foi possível mapear o funcionamento das lojas que vendiam móveis da Mobilinea nas diversas cidades brasileiras ao longo desses anos, incluindo uma curiosa aparição em um anúncio de maio de 1972 do hipermercado da rede Pão de Açúcar, Jumbo Aeroporto, mas que não teve continuidade [Fig. 49].

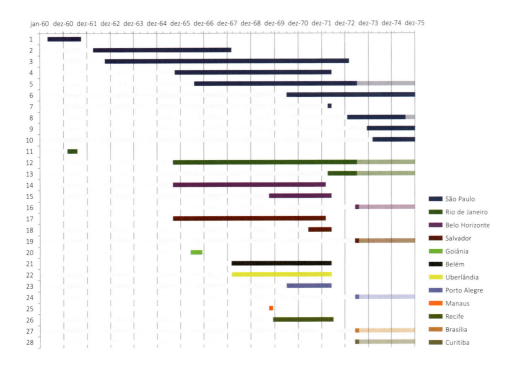

Fig. 49: Funcionamento das lojas e fábricas da Mobilinea entre 1960 e 1975. Levantamento realizado a partir do levantamento de periódicos.

design à venda | 141

DAS PARCERIAS À HOME STORE

Ao longo de sua trajetória, a Mobilinea buscou inserir seus móveis em um repertório mais amplo de revestimentos, objetos de design e arte, a exemplo da criação da Galeria Mobilinea, ainda em 1963. Trouxe também móveis de outras empresas para suas lojas, como as cadeiras Thonet e Dinamarquesa, e mais tarde a linha de escritórios Linder, apropriando-se dos atributos de todas essas peças em seus ambientes.

No caso das cadeiras Thonet, em produção no Brasil naquele momento havia pelo menos 70 anos, pode-se imaginar uma dupla significação, pois, se por um lado as peças torneadas poderiam remeter às casas em que os compradores da Mobilinea tivessem crescido, aludindo a algo conhecido e memórias afetivas; por outro, sua síntese projetual dialogava diretamente com o partido dos móveis desenhados por Ernesto Hauner. A Dinamarquesa também se enquadrava nessa segunda interpretação, e sua origem escandinava era em si um atrativo para muitos dos compradores que acompanhavam as tendências da produção internacional. A linha de escritórios Linder, por sua vez, tinha um aspecto futurista, pelo uso de materiais frios, lisos e plásticos, diferente da linha em chapa de madeira, mas coerente com as ideias da Mobilinea tendo em vista os móveis em aço e fiberglass, de forma que complementava bem sua cartela de produtos [Fig. 32].

A partir desse mesmo raciocínio, outras marcas incorporaram peças da Mobilinea em suas promoções, dando boas indicações de como ela era percebida e quais valores se buscava tomar emprestado. Vidrobrás, fabricante nacional de vidros, foi um desses casos: a empresa atingira alguma projeção na segunda metade de década de 1960, com participações na Feira UD e propagandas em *Casa & Jardim* ao longo de 1969, em uma das quais encontramos banco e mesa de centro Mobilinea dispostos de maneira fiel à estética de suas lojas e propagandas, com objetos decorativos e frutas [Fig. 50].

Não foi possível esclarecer se a direção de arte foi feita por funcionários da Mobilinea, e não há nenhuma indicação da marca no anúncio, mas eram peças comumente divulgadas, tendo sido usada a mesma paleta de cores em um editorial feito pela Mobilinea para *Casa & Jardim* em março de 1968 [Fig. 92]. Nessa imagem, Vidrobrás introduziu seu produto em um cenário natural, mostrando a dimensão e a transparência de suas peças, mas trazendo a perspectiva doméstica pelo mobiliário, que, não obstante, dava a mesma sensação de avanços tecnológicos e modernidade presente no discurso sobre os vidros.

Outra parceria dessa natureza se desenvolveu a partir de dezembro de 1969, quando Georgia Hauner fez um editorial para *Claudia* em que construiu a sala ideal para se ouvir música, com um sistema de som Gradiente desenvolvido especialmente para esse projeto.[33] Com isso, estabeleceu-se um contato entre a empresa e a Mobilinea, que viria a culminar na associação na Home Store, mas também em um interessante editorial publicado em 1972 em *Casa & Jardim*. Nele, foram apresentados sistemas de som para o lar a partir de uma iniciativa conjunta das duas empresas, fotografada na loja do Shopping Iguatemi. A primeira e a terceira foto retratam um casal em ambientes de estar e escritório com móveis Prêt-à-Porter em amendoim, portando-se de maneira descontraída, enquanto os textos ressaltam as qualidades dos equipamentos Gradiente e dos móveis da Mobilinea, afirmando a afinidade entre as marcas. A segunda foto mostra um quarto de adolescente com móveis Prêt-à-Porter em branco e vermelho, um grande mural geométrico na parede, muitos discos e equipamentos de som nas estantes e, deitado sobre a cama, sem camisa ou sapatos, um jovem com fones de ouvido – que era Mike Hauner, filho de Georgia e Ernesto [Fig. 51]. Diz o texto:

---

33 "Sonhe com Claudia: essa é uma sala louca por música". *Claudia Decoração*, São Paulo, pp. 52-55, dez. 1969.

Fig. 50: Propaganda Vidrobrás. "O vidro existe para que V. possa aproveitar ao máximo o privilégio de viver na terra". *Casa & Jardim*, Rio de Janeiro, p. 89, abr. 1969. Acervo Editora Globo S. A./ Agência O Globo.

Fig. 51: Mike Hauner em dormitório Mobilinea com equipamentos de som Gradiente. "O Som em Sua Casa". *Casa & Jardim*, Rio de Janeiro, jun. 1972. Acervo Editora Globo S. A./Agência O Globo.

Pra você, rapaz, morar com Gradiente é viver o som. E em maneira de som, no Brasil, só dá Gradiente. O resto é silêncio. Ponha sua cuca nesta cena: um quarto da Mobilinea, muito envenenado, um amplificador LAB-70, um toca-discos Garrard, um gravador Gradiente e um par de caixas Mini Oito-S. Não está escrito. E isto é só o começo, porque daí para frente tudo é possível com Gradiente. Ela criou neste país o primeiro amplificador todo transistorizado, a primeira caixa com radiador passivo, o primeiro amplificador de terceira geração. More com Gradiente. E pernas para o ar.[34]

---

34 "O som em sua casa". *Casa & Jardim*, Rio de Janeiro, jun. 1972.

design à venda | 145

Um garoto moderno, um quarto "muito envenenado" e o que havia de mais novo tecnologicamente em matéria de som estavam associados em uma mesma cena, de forma que os valores individuais de cada um desses elementos assumia uma nova dimensão que incorporava os três conjuntamente.

A maior prova do impacto que essa parceria teve pode ter sido outra empresa de aparelhos de som também ter promovido seus produtos junto à Mobilinea, talvez buscando os mesmos resultados conseguidos pela concorrência. Em maio de 1973, a empresa Matsushita lançou, por meio de sua marca National,[35] o aparelho 3-em-1, que unia rádio, toca-discos e gravador de fita cassete em um anúncio de meia página do jornal *Folha de S.Paulo*, no qual declaravam:

> *O rádio, o toca-discos e o gravador sempre estiveram muito perto um do outro. Nós apenas demos um empurrãozinho. Com esse empurrãozinho, nós juntamos num lugar só todas as maneiras que existem para você ouvir música, longe de quem está fazendo música. E para que essa maravilhosa invenção não ficasse como privilégio de uma minoria, criamos uma linha inteira de aparelhos. A linha National 3 em 1. Cada um deles tem uma missão a cumprir. <u>La Grande, o SG-1050 A, vai ficar no alto de uma linda estante Mobilinea, animando reuniões de amigos no sábado à noite.</u> [...] La Grande tem um sistema de desligamento automático que sabe o que fazer quando você está dormindo. <u>É tão bonito quanto as estantes onde você vai colocá-lo.</u> [...] A linha National 3 em 1 deve ser uma das coisas mais importantes que aconteceram com o rádio, o toca-discos e o gravador desde que inventaram os Beatles. O mundo é feito por empurrõezinhos.[36]*

O mais curioso é que as imagens da propaganda não têm nenhuma indicação da Mobilinea, de forma que a mera sugestão de seu nome já teria valor.

---

35   Atualmente a empresa apresenta-se como Panasonic, conforme anunciado em: http://panasonic.com.br/about/news/detail.aspx?id=30020. Acesso em 2-10-2014.

36   Propaganda National, "3 em 1". *Folha de S.Paulo*, São Paulo, p. 13, 31 maio 1973. Primeiro Caderno. [Grifos da autora.]

Por essa reputação, é interessante compreender como a Mobilinea se apresentou para construtoras e incorporadoras de empreendimentos residenciais no início dos anos 1970, ao propor uma parceria que visava elaborar apartamentos decorados. Uma brochura produzida para fazer esse convite diz:

Por que Mobilinea?
Para acompanhar o vasto campo criado pelas novas construções, Mobilinea está entrando agora em uma nova fase, com a instalação de uma fábrica moderníssima em Campo Limpo. Durante estes 10 anos de existência, sempre dando as melhores soluções para o aproveitamento de espaços, conseguimos uma posição profissional no mercado. Deixando de lado todo e qualquer amadorismo dedicamo-nos seriamente à pesquisa de produtos. Para um móvel ser Mobilinea, teve que passar, antes, por um processo total de análise e estudos realmente sérios. Estuda-se o espaço que determinado móvel vai "criar", a "performance" que vai ter num ambiente, e sobretudo que influências vai exercer sobre o indivíduo. E como traduzir tudo isso em benefícios para a construtora? Colocando Mobilinea, obtém-se a atmosfera sob medida para o apartamento em exposição, não apenas uma simples "decoração". Pensando bem, quantas firmas têm capacidade de elaborar este tipo de trabalho?[37]

Precisamente nesse momento, a Mobilinea se lançava a um novo patamar no mercado, com a construção da fábrica no Campo Limpo e o lançamento da linha Prêt-à-Porter, o que trouxe a necessidade de expandir seu público. Associar-se a empresas de construção civil era uma opção interessante, pois reconhecia um potencial para aumentar as vendas de suas próprias peças já que os compradores poderiam buscar soluções semelhantes às que viam nos estandes imobiliários. Na sequência do texto dessa apresentação, a Mobilinea se propunha a elaborar um projeto completo, que compreendia seus móveis de linha e "acessórios" — "objetos e móveis de terceiros, conforme o projeto apresentado" –, além da montagem e desmontagem dos ambientes no apartamento:

---

37 Brochura Mobilinea de apresentação para construtoras, *c.* 1972. Acervo pessoal Georgia Hauner. [Grifo no original.]

design à venda | 147

O projeto apresentado pela Mobilinea, além de solucionar racional e originalmente o problema de espaço, será estudado a fim de sensibilizar psicologicamente a faixa de compradores indicada pela construtora. O apartamento será entregue decorado, com tudo colocado no lugar, inclusive sabonetes, toalhas, etc., para criar um clima mais pessoal e uma visão mais real do conjunto.[38]

A noção proposta pela Mobilinea de que seus ambientes tinham um impacto psicológico remete à ideia da divulgação de um estilo de vida desejável, não apenas pelo tipo de móvel escolhido ou objeto decorativo usado, mas na própria dinâmica familiar que se imaginaria ali. Nesse mesmo material de divulgação, Mobilinea anexou a planta de um apartamento com três dormitórios, sala de estar, jantar e cozinha ocupados com peças da empresa, dando indicações de acabamento e decoração [Fig. 52]. Ao final, havia ainda alguns cartões com fotos das peças usadas.

Embora com poucos dados, é possível aferir que foram realizados trabalhos desse tipo com ao menos duas construtoras paulistanas: Construhab e Formaespaço. Da primeira, dois lançamentos imobiliários com apartamentos decorados pela Mobilinea foram divulgados em diversas propagandas entre 1972 e 1973, começando pelo Condomínio Edifício Juruá, na Mooca. A campanha foi elaborada para mostrar como esse imóvel tinha características de empreendimentos similares nos bairros de Pinheiros ou Jardim Paulista, embora estivesse na Zona Leste. Os prédios da Construhab eram modernos, com estrutura modular e fachadas despidas de revestimentos, e esse lançamento seguia esse mesmo padrão. Havia três apartamentos decorados: um feito pela Mobilinea, um pela Mobília Contemporânea e um por Henri Matarasso, entre os quais a Mobilinea era a mais cara e com aspecto mais sofisticado, A Mobília Contemporânea tinha móveis modernos mais simples, e Henri Matarasso produzia móveis em estilos históricos diversos,

---

38   *Ibidem.*

denotando a permanência de certos gostos e padrões e uma dissociação entre a arquitetura e os interiores.

Já no lançamento do Condomínio Edifício Cayowáa, em Perdizes, as empresas chamadas pela Construhab para fazer apartamentos decorados foram Mobilinea, Forma, Oca, Mobília Contemporânea e Arredamento. Nesse grupo, a Mobilinea está numa faixa média de preço, acima da Mobília Contemporânea, similar à Arredamento, e abaixo de Oca e Forma. O bairro, as empresas chamadas para fazer os decorados e o próprio programa do edifício tinham características distintas ao empreendimento da Mooca, com apartamentos maiores, incluindo eletrodomésticos e materiais de acabamento mais refinados.

Embora almejando públicos diferentes, as duas campanhas da Construhab se focavam principalmente nos materiais construtivos, nas condições de financiamento, na qualidade de vida conquistada e nas áreas de lazer do conjunto. No lançamento da Mooca aparecem uma planta e algumas imagens internas, mas sem características marcantes, enquanto a campanha de Perdizes foi feita somente com textos.

A Formaespaço, por outro lado, se fez conhecida pela qualidade arquitetônica de seus empreendimentos, tendo se associado a arquitetos como Abrahão Sanovicz, Eduardo de Almeida, Ennes Silveira Mello, Fábio Penteado e Paulo Mendes da Rocha (cf. IMBRONITO, 2003). Foi localizado um impresso publicitário conjunto da Formaespaço e Mobilinea, porém não ligado a um lançamento específico, o que indica que esse material pode ter sido criado para uso em mais de uma ocasião. Nele, há desenhos de diversos móveis da Mobilinea em escala para serem recortados e utilizados no planejamento interno dos imóveis, cujas plantas eram provavelmente encartadas em folhas avulsas. Os móveis sugerem apartamentos de três dormitórios, com ambiente de estar e jantar generosos [Fig. 53]. Os edifícios da construtora foram em geral construídos nas Zonas Oeste e Sul de São Paulo, mirando um

design à venda | 149

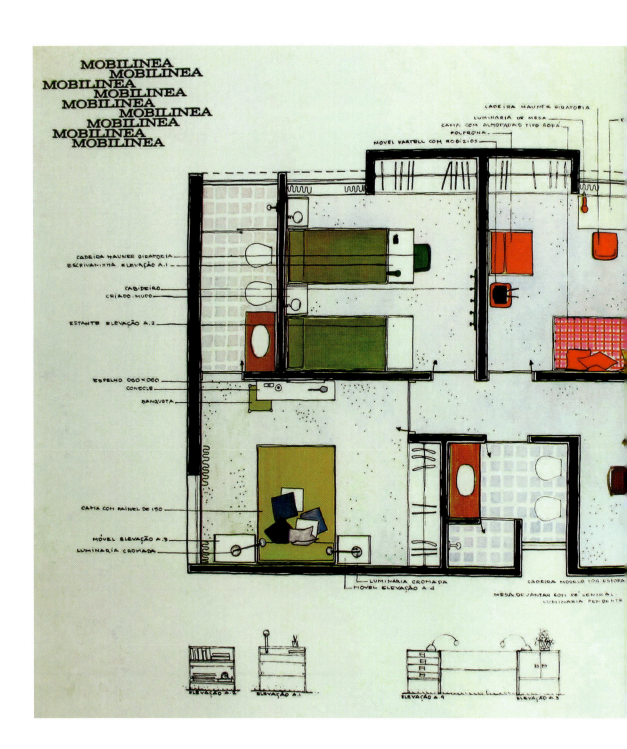

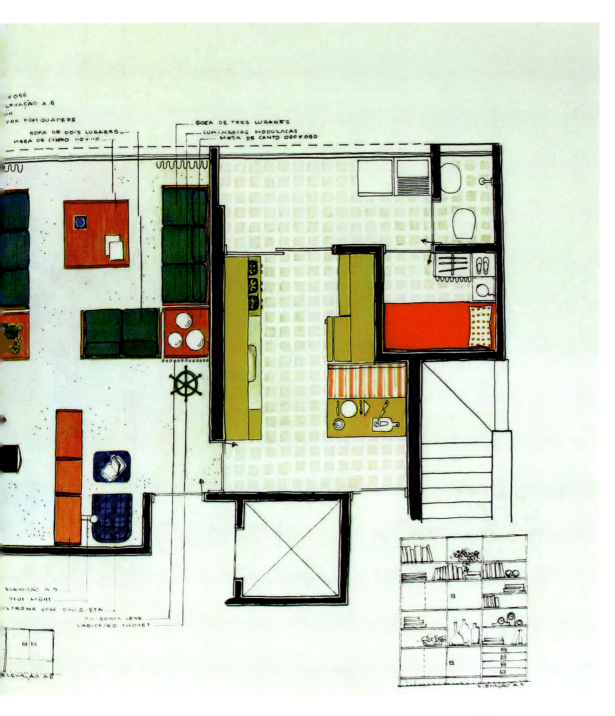

Fig. 52: Planta de apartamento decorado com móveis Mobilínea em brochura de apresentação para construtoras. c. 1972.
Acervo Georgia Hauner.

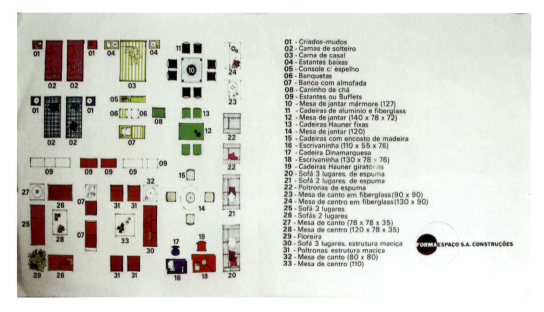

Fig. 53: Folheto Mobilinea.
Formaespaço. c. 1972.
Acervo Georgia Hauner.

público de classes média e média alta, e apresentavam preocupações com a racionalização da construção, que também se refletiam em edifícios modulares com a estrutura evidenciada.

É possível intuir o tipo de cliente que compraria imóveis construídos pela Formaespaço ou Construhab a partir da tipologia do edifício e dos bairros em que eram implantados, e essas empresas parecem próximas não só em um espectro social, mas até em uma coerência entre os elementos construtivos aparentes nas fachadas dos prédios e os pinos de encaixe nos móveis Prêt-à-Porter. A linguagem do edifício e sua ocupação dialogavam e se valorizavam mutuamente, tornando-se de certa forma um produto único para os clientes de ambas.

Há de se considerar que morar em apartamentos nesse momento implicava em novidades nas mais variadas esferas: o isolamento em relação à cidade, como também à natureza, que se dava pela mediação de portaria e elevador; a experiência do condomínio e as regras de convívio que conferiam uma nova dimensão a ideias de privacidade; e, o que nos interessa mais aqui, a impossibilidade de expansão por meio da construção de anexos, que implicava em organizar a moradia em suas diversas configurações naquela área delimitada, exigindo uma lógica mais racional de uso, que tanto os exemplos de ocupação quanto o uso de móveis componíveis vinham a responder.

À vista desses episódios, a decisão de abrir uma grande loja em São Paulo, onde seria possível encontrar tudo para o lar, parece ter surgido de uma série de fatores e condicionantes da situação da Mobilinea na virada para a década de 1970, tendo como principal desejo pensar a ocupação da casa toda, visível desde as lojas até os projetos para decorados, compreendendo que apenas uma empresa não conseguiria suprir todos os elementos que criam um ambiente doméstico.

A experiência de se aliar a outras marcas também vinha se desenvolvendo desde as propagandas conjuntas, no trabalho de Georgia Hauner em *Claudia*, na venda de produtos de outros fabricantes e na inserção em campanhas externas. Mais do que isso, a marca havia estabelecido uma imagem que tornava a proposição de uma parceria atraente, isto é, as empresas que se aliassem à Mobilinea ganhariam, além de exposição comercial, todos os valores aos quais ela era associada. Na mesma medida, havia abertura para que os responsáveis pela empresa convidassem as marcas que, em sua avaliação, contribuiriam com o estilo de vida que propunham.

Ernesto Hauner e John de Souza encontraram o lote que abrigaria a Home Store em 1971 [Figs. 54-55], e Georgia foi levada para conhecê-lo:

> *Um dia Ernesto me levou para ver um espaço que ele tinha descoberto por acaso, situado no andar térreo de um prédio em construção, numa localização fabulosa, na 9 de Julho, com acesso de mais três ruas. Ele achava que se houvesse a possibilidade de incorporar umas áreas cobertas com outras descobertas, e ligar tudo com uma praça ajardinada e mais um estacionamento na frente, daria para fazer um showroom espetacular. "Acredito que você seria capaz de fazer um projeto com estas áreas", falou. "Que tal?", "Vou pensar nisto", respondi. O lugar era enorme. Ernesto achava que seria possível reunir uma boa parte de firmas de bom design para fazer uma exposição em conjunto. Isto ainda não existia em São Paulo.*[39]

Foram localizados no acervo pessoal de Georgia Hauner documentos datilografados por ela e John, elaborando a conceituação do empreendimento, o planejamento do espaço e o andamento da obra, bem como o projeto completo em cópias heliográficas e um número razoável de fotografias.

---

39 Georgia Hauner, *Segunda parte de respostas*, p. 6, 2012. Texto não publicado.

Fig. 54: Planta de situação da Home Store.

Fig. 55: Fotos de maquete do projeto da Home Store (s.d.). Acervo Georgia Hauner.

John de Souza elaborou a proposta para apresentar às empresas que poderiam querer participar do empreendimento em meados de 1972, expondo as dificuldades de cada fábrica em gerir sua própria loja do ponto de vista comercial, da gerência de um espaço expositivo, dos custos de operação e da manutenção de linhas pouco lucrativas. Argumentava que os clientes dos diversos negócios também iriam preferir o novo formato de venda pelas facilidades de encontrar produtos para diversos ambientes e com faixas de preço distintas num mesmo lugar, podendo realizar um único financiamento, e enfatizou ainda que esse seria o primeiro empreendimento do tipo no Brasil e que havia planos de expansão para outras cidades e estados.

Os produtos, segundo Georgia, deviam "comunicar o BEM-ESTAR e AS COISAS BOAS DA VIDA".[40] Na sequência de um texto seu de agosto de 1972, ela explicava o que esperava de cada uma das categorias de produtos vendidos e qual seria o seu diferencial: a floricultura deveria vender flores "do mato", como eram os arranjos da Mobilinea, a bombonière poderia embalar seus chocolates em objetos de design de outras empresas, os livros da livraria complementariam ambientes de estar e assim por diante. Para Georgia, a ideia de criar um estilo de vida total em que tudo seria desejado, e mais do que isso, percebido como uma imagem, era clara:

> *Imagino que um agrupamento de mercadorias bem-sucedido deveria levar o cliente a comprar um maço de camélias junto com o bule no qual foram colocadas, a mesa que os sustenta, o toldo que os protege, o piso, a poltrona e tudo mais que compõe determinada imagem. Acredito que todas as pessoas sonham com lugares e coisas que as apresentam em forma de "cartão postal" na própria mente. Fabricando imagens pitorescas, frequentemente tocamos a sensibilidade do indivíduo, que identifica a imagem apresentada com um de seus "cartões postais".[41]*

---

40 Georgia Hauner, *Sugestões para o novo centro comercial na 9 de Julho*, 7 ago. 1972. Texto não publicado.

41 *Ibid.*, p. 3.

Nesse mesmo documento, ela fez uma longa defesa da autonomia do gosto pessoal de cada pessoa, argumentando que o serviço prestado pelos profissionais na nova loja deveria ser de *planejamento* e não de *decoração*, pois este segundo impunha padrões para os clientes desconsiderando suas opiniões, e era uma prática comum em revistas e outras empresas, mas que não seria praticada lá.

> Os clientes deverão ser preparados aos poucos para aceitarem a nova terminologia em matéria de assistência e encorajados a expressar os próprios gostos quanto a decoração, através dos exemplos expostos. Devemos lembrar que existe um movimento contra esquemas rígidos no mundo inteiro e em vários setores. Um exemplo típico é a moda feminina que está em franca revolução. As mulheres não se sujeitam mais à ditadura dos grandes costureiros e moda hoje em dia é ser original e muito <u>individual</u>. É inevitável que o mesmo espírito haverá de prevalecer no campo da decoração, portanto seria perfeitamente inútil basear um empreendimento novo em ideias já superadas.[42]

Não obstante, havia limites. Em outro documento de novembro de 1972, que tratava da sistematização de algumas decisões acerca de público e funcionamento, Georgia declarou:

> É imprescindível que haja um rigoroso controle sobre todos os departamentos para <u>evitar a vulgaridade</u>. Não devemos jamais permitir que interesses comerciais sobrepujem este controle, pois correríamos o risco de nos tornarmos outra Sears, ou Jumbo, possivelmente chegando a oprimir o nosso sensato público com monstruosos anjos de isopor (como os exemplares que zelam pelos bons negócios no Shopping Center neste fim de ano). De qualquer forma, possíveis interesses de um ou outro departamento para se vulgarizar teriam na mais otimista das hipóteses um efeito a curto prazo, com o público que visamos alcançar.[43]

---

42 *Ibid.*, p. 4. [Grifo no original.]

43 Georgia Hauner, *Esclarecimentos sobre o projeto da Loja na Av. 9 de Julho*, p. 1, 28 nov. 1972. Texto não publicado. [Grifo no original.]

Como exemplo, diz que teriam cadeiras caras como as da Mobilinea e de preço médio como da Probjeto ou da Mobília Contemporânea, mas nunca cadeiras de mau desenho e má qualidade. Também em relação à Mobilinea, Georgia afirmara no texto anterior que haveria uma redução na própria linha para aliviar a produção e também porque com os móveis de outras empresas não haveria mais necessidade de criar ambientes feitos apenas com peças de um único fabricante, ideia que "se enquadra perfeitamente com o conceito do novo individualismo".[44]

As alternativas para objetos acessíveis não deveriam ser dadas propondo peças inferiores imitando algo de valor, mas, por exemplo, com belas gravuras em vez de quadros assinados, o que distanciaria a Home Store de outras lojas de departamento ou do Shopping Iguatemi. A questão da acessibilidade da loja – torná-la menos "hermética" –, aparece nesses vários documentos, até considerando se deveriam operar com portas abertas ou fechadas, usando ventilação natural ou ar-condicionado. Em mais de uma ocasião, Georgia indicou a própria cenografia como solução:

> [...] uma linda sala de jantar, atrás de Blindex, não anima ninguém com trinta cruzeiros no bolso a entrar. Porém uma revista, 100 gramas de balas, ou um disco, incutem confiança. Uma vez que o sujeito entrou, descobre o crediário, fica sabendo que a sala que admirou não é tão inacessível assim, o cafezinho é gratuito e nenhum vampiro se esconde atrás das folhagens.[45]

O projeto da Home Store foi feito por Georgia Hauner com o auxílio de Yone Koseki Pierre. Esta, sendo a única arquiteta na Mobilinea, recorda-se de ter se encarregado da reforma com certa apreensão porque era uma obra complexa, que incluía a remoção de pilares do térreo dos edifícios existentes e a criação de mezaninos que, muitas

---

44 Georgia Hauner, *Sugestões para o novo centro comercial na 9 de Julho*, p. 4, 7 ago. 1972. Texto não publicado.

45 Georgia Hauner, *Esclarecimentos sobre o projeto da loja na Av. 9 de Julho*, p. 2, 28 nov. 1972. Texto não publicado.

vezes, deveriam ser sustentados nessa mesma estrutura, mas alguns engenheiros a ajudaram informalmente, e, no geral, as questões foram resolvidas *in loco*. A ideia de Georgia era criar um "caminho" para que o cliente percorresse a loja passando por ambientes variados, mantendo generosas áreas de vitrine. A entrada se dava por uma lateral mais estreita, à esquerda da qual ficava a "Casa da Vera", uma área de aproximadamente 30 m² onde, periodicamente, se montavam pequenos apartamentos completos com móveis e objetos simples e baratos, porém de bom gosto. Seguindo à direita, para acessar a loja, atravessava-se uma passarela de serviços:

> *Neste projeto introduzi mais cenografia do que nos showrooms anteriores. Na parte da frente tinha uma espécie de passarela para o público, simulando uma passagem de rua, com alguns degraus descendo, ou subindo, de ambos os lados, levando para centros de venda de artesanato, discos, galeria de arte, objetos, livros, plantas, cafezinho, etc. Havia um "CINEMA" (projeção de slides dos produtos à venda); a "CASA DA VERA" (um pequeno apartamento com arrumação de baixo custo); "BOMBEIROS" (uma porta com um sino de bronze, escondendo o equipamento existente); a "GALERIA DE ARTE" (uma sacada, com um manequim de barba, sentado atrás de um cavalete, tendo de fundo uma parede cheia de quadros à venda). Havia ainda um pequeno edifício circular que disfarçava colunas de concreto, chamado "BANCO", onde se pagava pelas compras e se apanhavam os embrulhos.[46]*

Além disso, havia artesãos trabalhando ao vivo, uma banca de revistas especializada em arquitetura, jardinagem e decoração, lojas de discos e de joias, livraria, *bombonière* e floricultura [Figs. 61-63]. Daí, chegava-se aos espaços expositivos propriamente ditos, que contavam com áreas internas e externas de dimensões e pés direitos variados por causa da união dos vários lotes. Também por isso, os mezaninos precisaram de escadas independentes para acesso [Figs. 64-67]. Muitas das ideias das outras lojas foram usadas na Home Store, a exemplo dos desníveis no piso:

---

46 Georgia Hauner, *Showrooms, fotografias, artesanato*, cit., p. 4.

Nesta exposição projetei desníveis criados por caixas acarpetadas e moduladas, que podiam ser levadas para outros lugares, quando se mudavam as exposições. As caixas formavam pisos elevados e quando ficavam excluídas de determinada área formavam uma depressão no chão. Esta área afundada de uns 30 cm era guarnecida com almofadas revestidas de algodão rústico e apelidada "poço". Os clientes tiravam os sapatos para descer e experimentar o conforto do poço. Ficavam esparralhados [sic] lá dentro, sem vontade de sair, e conversando uns com os outros.[47]

As instalações da loja incluíam também um setor comercial, com três departamentos: um entregue a terceiros para arrendamento (como a banca de revistas e a loja de discos), um para compra e venda de produtos (como pequenos objetos, louças e tecidos) e um para venda por representação (móveis de diversas procedências, inclusive a Mobilinea, e lustres, tapetes e afins). Finalmente, havia vestiários, lanchonete, cozinha, área de serviço, sanitários, depósitos e salas de reuniões, desenho e compras. A área total do empreendimento era de 1.754,36 m² [Figs. 56-60].

Foi John quem batizou a Home Store e também quem organizou quais as empresas convidadas para participar do empreendimento dentro das diferentes formas de associação. Mobilinea ficou com 60% das ações da Home Store, cuja lista final de colaboradores foi:

- *ANSELMO CERELLO – móveis de junco e vime.*
- *ARREDAMENTO – móveis infantis.*
- *ARTE CONTEMPORÂNEA EM TECIDOS – tecidos para interiores. Designer: Paulo Becker.*
- *AKI – objetos e louças nacionais e importados.*
- *AMORIM E COELHO – revestimentos de cortiça para interiores.*

---

47 *Ibidem.*

- ALVORADA – plantas em vaso.

- CISNE – roupa de cama, mesa e banho.

- CASH BOX – discos e fitas nacionais e importados, principalmente clássicos e jazz.

- DOMINICI – lustres e luminárias contemporâneos, nacionais e importados. Designers: E. F. Dominici, Antonio Lizárraga e outros.

- DONA MARIAZINHA – lãs, telas e acabamentos para tapetes e tapeçarias.

- DUROCRIN – colchões especiais.

- FORMATEX – tecidos para interiores, design exclusivo.

- GRADIENTE – equipamento de som.

- GALERIA DE ARTE – quadros, múltiplos, obra gráfica, joias, tapeçarias, tapetes de artistas.

- HYDROKULTUR – plantas que não precisam de terra para viver.

- KITCHENS – cozinhas instaladas.

- MOBILINEA – linha de móveis residenciais. Designer: Ernesto Hauner.

- MIGNON – bombons.

- MOBÍLIA CONTEMPORÂNEA – móveis residenciais. Designer: Michel Arnoult.

- NEVA – tapetes e forrações importados e carpetes de sisal.

- PRODIS – sistema RTS, estantes moduladas de vidro.

- PROBJETO – móveis residenciais de linha italiana. Designers: Gaetano Pesce, Tobias Scarpa e Mario Bellini.

- POSTIGO – revestimento de interiores em couro, camurça e tecido; cortinas de rolo.

- PARTHENON – livros e revistas nacionais e estrangeiros.

- RUTH – tapetes de rami natural, criados por Ruth Dorothea van Borries.

- SANTA CONSTANCIA – tecidos para estofamento e cortinas.

- TAPETES SANTA HELENA – tapetes feitos à mão.

- TEMPO AZUL – móveis de jardim.[48]

---

48 Encarte publicitário Home Store. *A Casa Claudia*, São Paulo, dez. 1973.

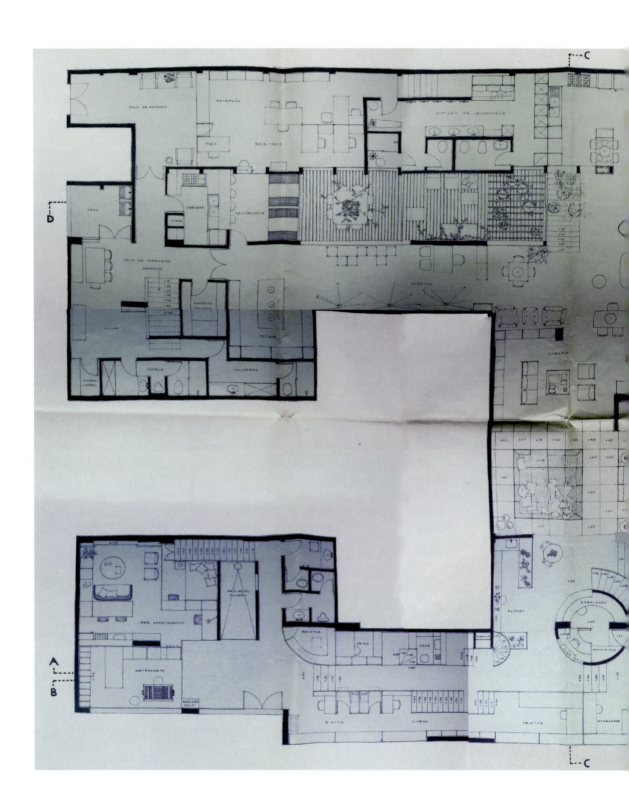

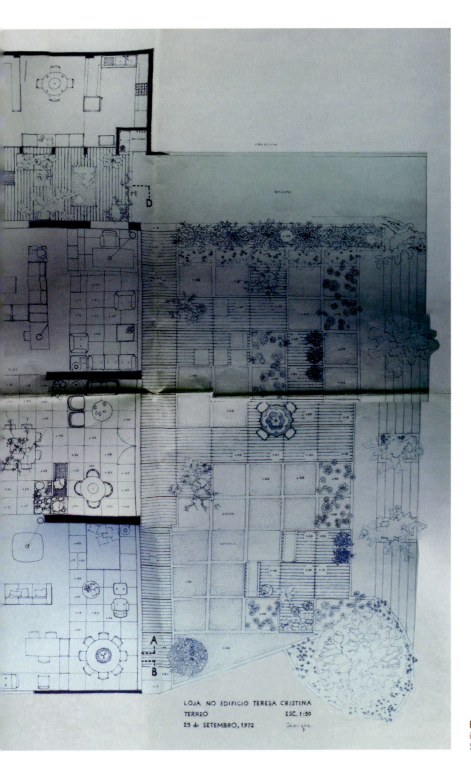

Fig. 56: Planta do térreo com indicação dos cortes. Projeto Home Store. 1972. Acervo Georgia Hauner.

Fig. 57: Corte A-A: vista transversal da passarela de entrada olhando para dentro da loja. À esquerda vê-se a Casa da Vera, seguida da rua interna de serviços, e, à direita, a entrada para os ambientes residenciais, passando pelo Banco. Projeto Home Store. 1972. Acervo Georgia Hauner.

Fig. 58: Corte B-B: vista transversal da passarela de entrada oposta ao corte A-A. A Casa da Vera fica à direita, onde também há um artesão trabalhando, seguida da rua interna de serviços e, à esquerda, um pequeno ambiente de jantar. Projeto Home Store. 1972. Acervo Georgia Hauner.

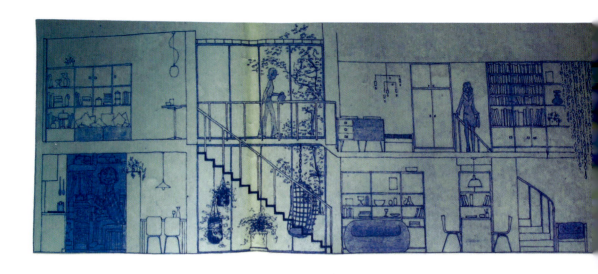

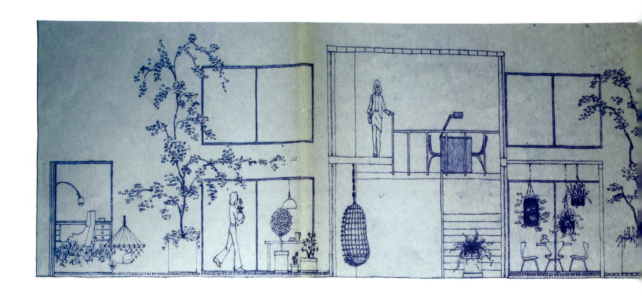

LOJA NO EDIFICIO TERESA CRISTINA
CORTES   ESC. 1:50
12 de NOVEMBRO, 1972   Georgia

Fig. 59: Corte C-C: vista longitudinal da loja olhando para seu interior. À direita vê-se o volume do Banco; na sequência, o Poço e os ambientes de showroom. Projeto Home Store. 1972. Acervo Georgia Hauner.

Fig. 60: Corte D-D: vista transversal das áreas externas feitas nos recuos dos vários edifícios, e setor de serviços e descanso dos funcionários. Projeto Home Store. 1972. Acervo Georgia Hauner.

Almofadas e tapetes desenhados por Georgia Hauner e Judit Magyary foram produzidos em parceria com outras empresas ou na própria Mobilinea para serem comercializados lá, já com processos de seriação, pois meios de fabricação artesanais não se adequavam à nova escala de vendas. Judit foi também encarregada de criar todas as ambientações internas da loja, bem como a reposição de peças vendidas e a programação de lançamentos. Para as vitrines, ela recortou figuras humanas estilizadas em chapa de madeira e as revestiu com um filme espelhado da 3M chamado *Scotchtint*.[49] Assim, em vez de passar uma fita ao longo do vidro para evitar choques, ela criou elementos lúdicos que levavam os transeuntes para dentro dos ambientes pela sua transposição no reflexo, contribuindo para desmontar a ideia de ser uma loja intimidante ou arrogante, na qual um público comum não se adequaria.

O logo da Home Store foi desenvolvido pelo escritório Cauduro Martino a partir de um triângulo que talvez simulasse o telhado de uma casa arquetípica, e era usado tanto na assinatura da empresa como em um painel que se repetia em relevo ao longo de toda a fachada da loja, dando unidade ao térreo dos vários prédios incorporados.

É evidente que a loja criou ambientes com diferenças significativas em relação a layouts para casas reais, até porque paredes e piso eram pretos para destacar as peças expostas, criando um ambiente nitidamente teatral, como uma "caixa preta". Ainda assim, há uma completude dos elementos em cada pequeno cenário que proporciona a ideia de "cartão postal" concebida por Georgia, em que se compreende a totalidade dos elementos e se produz um desejo por todo o estilo de vida sugerido.

A maioria das vendedoras da loja do Shopping Iguatemi foi trabalhar na Home Store, assim como Ada Hauner, que passou a chefiar

---

49 "Uma finíssima camada de poliéster" usada para espelhar janelas em edifícios. "Aplicação inusitada do Scotchtint". *Jornal 3M*, São Paulo, n. 1, 1974.

o departamento de vendas de móveis de escritório. Alguns entraves em relação ao alcance de público parecem ficar latentes a partir desse momento, e em encarte promocional inserido em *A Casa Claudia* de dezembro de 1973 mais uma vez houve um esforço para explicar os diferenciais da empresa e atrair possíveis clientes:

> *Ajudado por uma equipe de decoradores, você pode ver na hora como as cadeiras de determinado fabricante podem combinar com a mesa de outro, qual a cortina que fica bem com aquele sofá, como um equipamento de som cabe em determinada prateleira, enfim, há plena liberdade de escolha, sem qualquer preconceito de marcas ou estilos [...]. Com tanta variedade de artigos e de preços, o Home Store não pode ser situado como deste ou daquele padrão de poder aquisitivo. Ele é dirigido, sobretudo, a um público de bom nível cultural, identificado com um dos pensamentos básicos do empreendimento: "o lugar mais importante do mundo é onde a gente mora, ele é uma extensão da pessoa que vive nele". Portanto não é o preço de um produto o que mais importa, mas o bom "design" feito até com materiais mais em conta, capaz de expressar com simplicidade a individualidade que todos desejam para sua casa.[50]*

O crediário para financiamento direto no local também buscava relativizar o custo integral das peças e garantia um fluxo de caixa contínuo. No atendimento, além da combinação física dos móveis das várias empresas, foram impressas cartelas adesivas com os móveis à venda, para que a planta dos clientes pudesse ser proposta na hora [Fig. 68].

O impacto da Home Store na imprensa não foi muito significativo, ao menos nos dois anos que seguiram sua inauguração. Alguns móveis e objetos foram anunciados em editoriais temáticos (agrupados por função, matérias-primas ou cômodos da casa) e em propagandas de revistas e jornais, não raro privilegiando a Mobilinea, mas quase sempre contando com as próprias revistas

---

50   Catálogo Home Store encartado em *A Casa Claudia*, São Paulo, dez. 1973.

Fig. 61: Passarela de entrada da Home Store com loja de lustres e galeria de arte. Imagem de *slide* [s.d.]. Acervo Georgia Hauner.

Fig. 62: Loja de joias na Home Store. Imagem de *slide* [s.d.]. Acervo Georgia Hauner.

Fig. 63: Banca de revistas na Home Store. Imagem de *slide* [s.d.]. Acervo Georgia Hauner.

para produzirem as fotos, o que pode ter acontecido por alguns motivos. A loja era em São Paulo enquanto as revistas tinham tiragem nacional, e a Home Store já se beneficiava das propagandas das empresas participantes por seus anúncios individuais. Pode ser também que, estabelecendo-se como um ponto de referência na cidade, ela talvez não requeresse mais investimentos dessa natureza. Ainda, e o que parece mais provável, os novos sócios não tinham esse tipo de preocupação como prioridade.

Fig. 64: Ambiente de área externa com mesa-canteiro na Home Store. Imagem de *slide* [s.d.]. Acervo Georgia Hauner.

Fig. 65: Vista do poço com composição de quadros na Home Store. Sala de estar, comer e viver bem. *Desfile* – suplemento de decoração, Rio de Janeiro, p. 14-15, nov. 1974.

Fig. 66: Ambiente de dormitório com móveis Mobilínea na Home Store. Imagem de *slide* [s.d.]. Acervo Georgia Hauner.

Fig. 67: Ambiente de estar com móveis Mobilinea e Probjeto (linha Amanta, de Mario Bellini, produzidas sob licença) na Home Store. "Para viver melhor". *Desfile* – suplemento de decoração, Rio de Janeiro, jul. 1974.

Uma propaganda lançada em 1975 em C. J. *Arquitetura* e depois em outros veículos, decerto após a saída dos Hauner, mostra uma clara diferença de linguagem em relação ao material anterior. Em vez de explorar ambientes onde se aspirasse estar, eram retratados casais, ainda que com alguma diversidade, muito tradicionais. O discurso se pautava pouco na questão do design e era muito mais voltado à venda, já que não havia nenhuma referência a marcas ou designers [Fig. 69].

De todo modo, entre as parcerias realizadas enquanto Ernesto e Georgia Hauner estiveram no Brasil, vimos que a complementação de produtos para a criação de uma imagem de estilo de vida, dos aparelhos de som ao apartamento que os móveis ocupariam, era um ponto central na promoção da empresa. Essas preocupações se transmitiam igualmente para a divulgação em mídia impressa, com investimentos ainda maiores para inserções exclusivas da Mobilinea, como veremos a seguir.

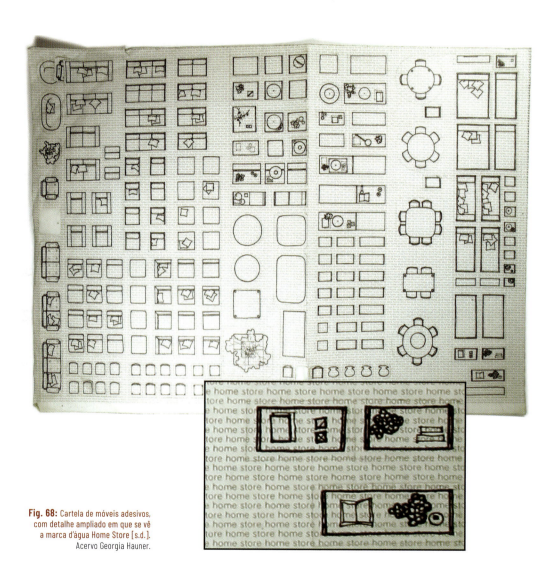

Fig. 68: Cartela de móveis adesivos, com detalhe ampliado em que se vê a marca d'água Home Store [s.d.]. Acervo Georgia Hauner.

Fig. 69: Propaganda Home Store. "Jovens duros e rebeldes". *C. J. Arquitetura*, Rio de Janeiro, pp. 68-69, ago. 1975. Acervo Editora Globo S. A./Agência O Globo.

Jovens duros e rebeldes, senhoras e senhores, casais milionários, público de bom gosto em geral: vejam o que Home Store anda comprando para vocês.

O único compromisso do HOME STORE é escolher o bom design, entre os milhares de produtos que se fabricam para casa. Separar o joio do trigo e comprar só o que é fino e atual. Para você poder escolher entre uma cadeira de um designer famoso e outra de palha feita por um caiçara de muito talento.

Preço para nós não define nada. Se uma mesa de 10 milhões fica bem com cadeiras de 100 cruzeiros, porque não? Nós juntamos as duas para você colocar na sua casa e assumir a sua personalidade. No HOME STORE é assim. Caro ou barato, o produto de bom design está lá. Mau gosto, nem de graça.

Venha conhecer as últimas compras em mesas, cadeiras, estantes, gravuras, tapetes, objetos, faqueiros, copos, roupa de banho, mesa, tapeçarias, puffs, plantas, tecidos e penduricalhos que compramos para você.

Um show de coisas e produtos aprovados pelo HOME STORE.

 home store
Av. 9 de Julho, 5955 - São Paulo (Jardim Europa)
Tudo financiado em 24 meses.

Aberta diariamente até 19,00 horas, 3ª e 5ª até 22,00 horas e sábados até às 14,00 horas.

DESIGN EDITADO

As inserções da Mobilinea na mídia impressa, assim como seus móveis e suas lojas, dão parâmetros para compreendermos a história da empresa, evidenciando a importância da comunicação no design e a elaboração de diferentes discursos para públicos distintos. A identidade visual da Mobilinea se consolidava através de elementos comuns presentes em editoriais, catálogos e propagandas, nos quais a marca promovia não apenas seus produtos, mas determinado estilo de vida com a atitude que seus clientes tinham ou almejariam ter, por meio de ambientações completas que muitas vezes incluíam seus ocupantes.

Entre 1959 e 1975, foi possível localizar inserções em dezenove revistas brasileiras, duas estrangeiras e nos dois principais jornais paulistas, apresentados aqui na medida em que dialogam com a trajetória da empresa. Foi dada especial atenção às revistas *Casa & Jardim* e *Claudia*, tendo em vista que a primeira é seguramente a mais importante do período no âmbito especializado e a segunda, por meio de suas edições temáticas especiais, a que promoveu matérias mais inovadoras, contando com a própria Georgia Hauner como editora de decoração entre 1968 e 1970.

Em muitas dessas divulgações, foram simulados ambientes com móveis da Mobilinea junto aos diversos componentes necessários para compor uma situação doméstica, tal qual nas lojas, frequentemente incorporando elementos inusitados para chamar a atenção dos leitores e distinguir a empresa de outros anunciantes. Ocasionalmente as imagens publicadas revelavam os cenários construídos para sua produção, novamente buscando um impacto visual, mas também denotando uma preocupação em traduzir estas cenas ideais em espaços reais. Em outros momentos, projetos para casas e apartamentos foram publicados discutindo efetivamente o que se entendia como domesticidade na Mobilinea, e, por duas vezes, casas dos Hauner chegaram a ser publicadas em periódicos, fazendo de seu estilo de vida pessoal um modelo a ser reproduzido e atestando uma coerência em sua estética na vida privada e em suas proposições profissionais.

Nesse sentido, é preciso pensar nessas imagens em função de quem as produziu e a quem visavam. Como veremos, os periódicos em que a empresa teve mais espaço e se colocou de maneira mais significativa eram voltados a mulheres, de forma que elas eram as maiores interlocutoras da Mobilinea. O discurso de Georgia Hauner era em muitos aspectos indissociável ao da empresa, mas ainda deve ser examinado em seus próprios méritos, considerando que tipo de ferramentas ela julgava interessante fornecer às leitoras para que criassem sua própria linguagem de interiores. Muitas das imagens produzidas contavam ainda com representações femininas, de alguma forma encarnando os valores com os quais essas leitoras poderiam se identificar.

O DISCURSO NA MÍDIA IMPRESSA

Em linhas gerais, foi possível distinguir quatro tipos de publicações impressas nas quais a Mobilinea apareceu: jornais, revistas de assuntos gerais, revistas especializadas e revistas de estilo de vida. Em cada uma dessas, as formas de inserção se diferenciavam de acordo com os assuntos tratados, o público e a linguagem do periódico, de modo que serão apresentadas a partir desses parâmetros.

Entre os jornais, foram investigadas aparições da Mobilinea em *Folha de S.Paulo* e *O Estado de S. Paulo*, veículos que na década de 1960 já tinham escala e legitimidade considerável. Como vimos, muitos dos primeiros lançamentos da empresa, quando ainda se chamava Ernesto Hauner Decorações, foram anunciados em jornais,

178 | mobilinea

Fig. 70: Propaganda Mobilinea. "Vale a pena visitar...". *O Estado de S. Paulo*, São Paulo, p. 12, 4 maio 1967. Caderno Geral. Acervo Estadão Conteúdo.

exibindo móveis em cenários simples com fundo infinito [Fig. 17].[1] Quando John de Souza entrou como sócio na empresa e ela passou a se chamar Mobilinea, os jornais foram os únicos veículos em que se manteve uma presença constante da marca através desses pequenos anúncios, mas, com a inauguração da loja da Augusta, isso se inverteu: entre 1963 e 1966, a Mobilinea só apareceu na *Folha* e no *Estado* nas listagens semanais de exposições de arte, sob o nome "Galeria Mobilinea", incluindo algumas reportagens específicas sobre os artistas expostos. No início de 1966, a campanha conjunta entre as diversas empresas de móveis foi lançada e logo em seguida vieram os anúncios da inauguração do Shopping Iguatemi. Ao longo de 1967, uma nova campanha foi publicada em *O Estado de S. Paulo*, emulando a identidade visual dos jornais, com imagens dos móveis alinhados quase como em uma sequência textual, com peças para uso residencial ou corporativo [Fig. 70].

---

1   Essas propagandas apareceram inicialmente entre os classificados, mas aos poucos foram migrando para páginas de reportagens.

Fig. 71: Propaganda Mobilinea.
"Conspiração de antessala atinge advogado". *O Estado de S. Paulo*, São Paulo, p. 4, 8 nov. 1974. Caderno Geral. Acervo Estadão Conteúdo.

CONSPIRAÇÃO DE ANTE-SALA ATINGE ADVOGADO.

Os clientes souberam que a Mobilínea ampliou a fábrica e agora pode fornecer móveis para escritório da noite para o dia. E obrigaram o advogado a trocar os móveis da sala de espera, sob pena de constituirem outro patrono.

MOBILINEA
Av. São Luiz, 192 - térreo - loja 23
Fones: 257-3905/256-2771

Depois disso, a Mobilinea ainda aparecia esporadicamente nos jornais, mas sem muito destaque. Entre as poucas propagandas da empresa em jornais no período, em outubro de 1971 está o lançamento da linha Prêt-à-Porter na *Folha* com um desenho feito por Judit Magyary, que mostrava uma mulher metaforicamente levando uma nova sala de estar, dentro de um balão, para sua casa. Esse anúncio estava mais alinhado às demais campanhas da Mobilinea em outros veículos por mostrar ambientes completos em fotografia e dirigir-se a um público feminino, mas se mostrou uma exceção em relação às demais inserções da empresa nos jornais.

Em 1973, outra propaganda apresentou as cadeiras em fiberglass moldado e pés tubulares, com pequenos textos descrevendo suas qualidades técnicas, considerando seu uso em ambientes corporativos. No ano seguinte, esse direcionamento foi levado ao extremo em uma campanha sem nenhuma imagem ou referência aos móveis: na íntegra da página os anúncios se mesclavam a reportagens reais, com uma grande "manchete" que anunciava um acontecimento drástico em uma empresa fictícia, e na sequência uma "notícia" explicando que o ocorrido se dera por causa da inauguração da nova fábrica da Mobilinea, e que estavam produzindo móveis de escritório com entrega em um dia [Fig. 71]. A ideia desses anúncios parece ter sido misturar informação e humor, visando um público masculino em cargos de chefia nas empresas que poderiam vir a trocar seus atuais móveis pelos da Mobilinea.

O partido adotado no conjunto das inserções de jornal, em suas variações, apresentou duas características principais: a apresentação direta das peças e uma predileção por comunicação textual. Provavelmente uma agência publicitária foi contratada para comprar esses espaços nas páginas dos jornais e produzir os anúncios, mas não foram localizadas informações a esse respeito. De todo modo, fica uma sensação de que as diretrizes vinham mais de setores administrativos e financeiros da Mobilinea do que da equipe das lojas.

Entre as revistas que consideramos como "especializadas", o público-alvo também parece ser masculino, o que talvez seja o maior elo de contato entre os títulos desse grupo. Estão nele: revistas de arquitetura e design (*Arquitetura*, *Arquiteto*, *C. J. Arquitetura* e *Projeto & Construção*), de arte (*GAM – Galeria de Arte Moderna*) e corporativas (*Indústria e Desenvolvimento* e *Escritório Atual*), que entre si também tinham suas especificidades.

Arquitetura e *Arquiteto* foram revistas organizadas pelo Instituto de Arquitetos do Brasil do Rio de Janeiro e de São Paulo, respectivamente, e tinham sua distribuição voltada para profissionais. *C. J. Arquitetura*, embora derivada de *Casa & Jardim*, visava o mesmo público dessas outras, como explicado em seu primeiro número, de janeiro de 1973:

> *Será uma revista trimestral destinada a veicular as conquistas profissionais dos arquitetos brasileiros pela publicação de suas ideias, opiniões e projetos, e, ainda, servirá de órgão de divulgação dos comunicados e matérias do I.A.B. e seus Departamentos. [...] A revista terá circulação dirigida, sendo enviada a arquitetos, engenheiros, escolas de arquitetura, firmas de construção e consultoria, Ministério das Relações Exteriores, e a um público flutuante formado por instituições e empresas ligadas ao tópico tratado na matéria central.*[2]

---

2 "Apresentação". *C. J. Arquitetura*, São Paulo, p. 3, jan. 1973.

Em *Arquitetura*, a Mobilinea foi uma das empresas consultadas para a elaboração de um grande dossiê sobre a situação do móvel brasileiro em janeiro de 1965;[3] em *Arquiteto*, divulgou uma propaganda da cadeira de escritórios em fiberglass moldado em 1972; e em *C. J. Arquitetura*, a mesma cadeira e outros móveis em aço e fiberglass foram publicados em propagandas e reportagens, privilegiando peças corporativas por meio de imagens simples e sem cenários.

Projeto & Construção também tinha arquitetura como seu tema central, porém se voltava a um público leigo. Em 1971, Mobilinea foi uma das empresas chamadas para opinar sobre a situação do design e dos interiores no Brasil, e nessa ocasião Ernesto e Georgia foram convidados a falar juntos.[4] Enquanto ela direcionou seu discurso ao planejamento dos interiores e à necessidade de um entrosamento entre os móveis e a arquitetura, ele mais uma vez discutiu fabricação e comércio, reproduzindo a maneira como haviam dividido suas competências e trabalho na Mobilinea. Possivelmente também para legitimar sua seleção, ambos foram apresentados pela revista como arquitetos, o que efetivamente não eram.

Em *Indústria e Desenvolvimento*, a participação da Mobilinea também se deu em um dossiê sobre a situação do design no Brasil, publicado em 1974 e intitulado "Forma estética e bom gosto ajudam a vender produtos",[5] com fotos na Home Store. De modo geral, em publicações dessa natureza, o foco dos debates era a situação do design no período e no pensamento por trás dos projetos, pautando-se por vezes mais no discurso da empresa e seus promotores do que nos objetos em si, e menos ainda em seus consumidores.

---

3   "O móvel brasileiro". *Arquitetura*, Rio de Janeiro, n. 31, pp. 17-24, jan. 1965. As outras empresas consultadas foram L'Atelier, Brafor, Oca, Mobília Contemporânea, Ambiente-Spazio e Tenreiro Móveis e Decorações.

4   "Arquitetura de interiores no Brasil". *Projeto & Construção*, São Paulo, pp. 41-44, jan. 1971. Os outros entrevistados foram Knoll (Martin Eisler e Petco Gueorguiev) e Mobília Contemporânea (Michel Arnoult e Abel de Barros Lima).

5   "Forma estética e bom gosto ajudam a vender produtos". *Indústria e Desenvolvimento*, São Paulo, pp. 42-43, set. 1974. Além da Mobilinea, são exibidos produtos de Equipesca e outros não identificados; Alexandre Wollner é citado como um dos entrevistados.

Já a presença da Mobilinea em uma revista de arte como *GAM* se justificou porque em virtude da I Bienal Internacional de Design do Rio de Janeiro em 1968, lançaram um número especial sobre ela com caráter catalográfico. A poltrona da Mobilinea na listagem de premiados não se fez com uma imagem que apresentasse elementos de interesse; mas uma propaganda na mesma revista exibia a cadeira 101 com braços, fotografada em vários ângulos, complementada por passarinhos, frutas, um busto em madeira e uma balança. A letra "o" do nome Mobilinea aparecia levemente deslocada para baixo, dando a sensação, junto aos objetos, de que apesar do aparente equilíbrio, algo ficava fora da ordem [Fig. 72].

Finalmente, em *Escritório Atual*, Mobilinea apareceu como uma das empresas participantes da 8ª Fuse (Feira Internacional de Utensílio e Serviços de Escritório), com duas pequenas fotos do showroom. Além disso, a cadeira de escritório em fiberglass foi mais uma vez promovida em uma propaganda colorida, mostrando as diversas cores do assento [Fig. 73]. Se ainda eram exibidas sem cenário, nessa imagem as peças foram complementadas por gatinhos que as percorriam livremente, em contraste com seu aspecto industrial e da mesma maneira que ocorrera com a inserção dos abacaxis ou patinhos [Fig. 19; Fig. 72].

Essa mesma propaganda apareceu em *Exame*, uma revista que poderia ser classificada como de assuntos gerais, embora também focasse um púbico primordialmente masculino e corporativo. Nesse mesmo grupo estão *Veja*, *Realidade*, *Visão* e *Time – Latin American Edition*. *Realidade*, *Exame* e *Veja* (lançadas em 1966, 1967 e 1968, respectivamente) são títulos da Editora Abril, com alguma diferença em seu foco e público-alvo: a primeira se destacava por grandes reportagens de caráter investigativo, com design gráfico elaborado; a segunda era mais voltada à economia e negócios; e a terceira transitava entre política, economia, cultura e ciência. *Visão* foi uma publicação fundada pelo grupo norte-americano *Vision, Inc.* em 1952, inicialmente produzida no Rio de Janeiro e, a partir de 1957, em São Paulo, com um foco similar ao de *Veja*. Finalmente,

Fig. 72: Propaganda Mobilinea.
"Balança de abacaxi". *GAM – Galeria de Arte Moderna*, Rio de janeiro, 1968. Edição Especial.

Fig. 73: Propaganda Mobilinea. "Mobilinea convida você a sentar-se em seu mais novo design". *Escritório Atual*, São Paulo, abr. 1972.

Time foi fundada nos Estados Unidos, em 1923, e durante a década de 1960 teve uma versão especial circulando na América Latina, com reportagens em inglês que debatiam temáticas similares às de *Visão* e *Veja*, mas de um ponto de vista internacional.

Uma propaganda da Mobilinea com móveis de escritório foi publicada em *Visão*, em 1969, contando com as vendedoras das lojas como modelos. As peças são de jacarandá e estão dispostas em três planos em relação à câmera, com elementos "emoldurando" a cena para que não houvesse vazios na imagem, além de contar com pequenos objetos cênicos por toda a composição – todas essas estratégias recorrentes na produção de imagens por Georgia Hauner [Fig. 74]. Os móveis são práticos e multifuncionais, mas o que os torna memoráveis é a legenda, que visa transmitir a seriedade da Mobilinea e de seus clientes, assim como das mulheres retratadas em uma situação de trabalho:

Eles entregam os pedidos absolutamente dentro do prazo. Prestam total assistência a partir do momento em que V. faz o pedido. E... muito importante... Mobilinea dá um novo aspecto ao seu escritório. É bom trabalhar com gente séria.[6]

Em *Time – Latin American Edition*, foram localizadas duas propagandas de 1968: uma que repete a imagem do catálogo para vendas dos móveis de escritório no México, que também contava com as vendedoras da Mobilinea como modelos; e outra que se apropriava de uma imagem produzida por Georgia para a revista *Claudia* [Fig. 78], e que se repetiu em *Veja* no mesmo ano, com móveis residenciais. Nessas revistas, portanto, há uma abordagem híbrida, em que ainda existe uma preferência pela divulgação de móveis corporativos, mas aparecem também promoções de ambientes domésticos, com maior uso de cenografia e modelos. Já em

---

6   Propaganda Mobilinea. "Você vai ver como é bom trabalhar com Mobilinea". *Visão*, São Paulo, fev. 1969.

Fig. 74: Propaganda Mobilinea. "Você vai ver como é bom trabalhar com Mobilinea". *Visão*, São Paulo, fev. 1969. Em primeiro plano, Bibita Butcher, no meio Judit Magyary e ao fundo uma funcionária não identificada. Acervo DCI Shopping News.

Realidade, Mobilinea foi coadjuvante em uma reportagem sobre a casa dos Hauner, que incluía alguns móveis da empresa, mas tinha como foco principal a arquitetura [Figs. 86 e 87].

Finalmente, chegamos às revistas classificadas como "mídias de estilo de vida". Marinês Ribeiro dos Santos define esse tipo de publicação discutindo seu impacto cultural ao produzir, divulgar e legitimar valores e comportamentos individuais e coletivos, funcionando como:

> *Guias que ajudam a definir o que e como escolher dentro de um vasto rol de possibilidades que incluem produtos, serviços e também experiências. Elas oferecem oportunidades para a atualização pessoal, por meio de sugestões acerca de como as pessoas podem aprimorar suas vidas, tanto moral quanto esteticamente (SANTOS, 2010, p. 63).*

Encontramos inserções da Mobilinea nos seguintes veículos que se encaixam nessa definição: *Casa & Jardim*, *Claudia* e seus números especiais (*Claudia Noiva*, *Claudia Decoração*, *Casa de Claudia*, *Claudia Cozinha* e *Ele & Claudia*), *Joia*, *Mais* e *Desfile*, todos com público predominantemente feminino.

Fundada pela Editora Monumento em 1952, *Casa & Jardim* buscava apresentar soluções que conciliassem a preservação de valores familiares tradicionais com a modernização do espaço doméstico. Tinha distribuição nacional e abordava principalmente temas como decoração e jardinagem, com tutoriais para costurar roupas, fazer receitas, arranjos florais ou pequenos artesanatos, além de reportagens sobre arquitetura e construção civil, sugerindo assim que suas leitoras tivessem habilidades tão variadas quanto compreender desenhos técnicos e fazer *ikebanas*.

A presença de Mobilinea em *Casa & Jardim* foi constante e variada ao longo dos 16 anos pesquisados, começando por algumas propagandas da Ernesto Hauner Decorações entre 1960 e 1961, ainda com uma estética similar à dos jornais. Em *Casa & Jardim*, houve uma clara ruptura durante a transição da empresa de Ernesto Hauner Decorações para Mobilinea, não havendo inserções na revista entre maio de 1961 e outubro de 1964. Nessa data, a empresa foi selecionada para participar da seção "Um Móvel por Vez", na qual *Casa & Jardim* escolhia uma peça para expor suas qualidades técnicas e plásticas [Fig. 18]. Ainda assim, ao longo do ano seguinte, Mobilinea esteve presente na revista somente na seção de eventos culturais, como Galeria Mobilinea.

Em maio de 1965, *Casa & Jardim* passou a ser publicada pela Editora Monumento, com novo formato, mais fotos e projeto gráfico sofisticado. Mobilinea voltou às suas páginas em setembro daquele ano com a propaganda de lançamento dos móveis laqueados, feita em fundo infinito vermelho com os patinhos sobre a mesa [Fig. 19]. A partir daí, e principalmente após a inauguração do Shopping Iguatemi, a presença da empresa tornou-se constante em propagandas e editoriais temáticos.

A família retratada pela revista até meados dos anos 1960 era bastante tradicional: heterossexual, branca, de classe média e nuclear, na qual a mãe deveria dedicar-se a cuidar da casa e dos filhos. Conforme a década avançou, essa situação começou a mudar, se tornando mais comum e eventualmente padrão que a mulher tivesse um emprego formal e que o marido ajudasse nas tarefas domésticas. Sugestões para casais sem filhos ou para pessoas morando sozinhas também começaram a aparecer.

Ao longo dos anos, *Casa & Jardim* demonstrou interesse crescente em promover a indústria nacional de design, organizando seu projeto mais ambicioso em 1970: "C. J. Visita". Nele, empresas de design eram mensalmente selecionadas pela revista para produzir um editorial exclusivo, responsabilizando-se pela produção das imagens, o que permitia que a iniciativa tivesse um custo baixo para a revista, mas ainda interessasse às empresas pela escala da promoção. Além disso, os leitores eram convidados a enviar a planta de sua moradia à empresa divulgada, e a situação mais interessante ganharia um projeto de interiores com grandes descontos na posterior aquisição dos móveis, com publicação da solução na revista [Figs. 81 e 82]. A Mobilinea foi escolhida para inaugurar esse projeto em julho de 1970 com um editorial de doze páginas produzido na loja do Shopping Iguatemi, dirigido por Georgia Hauner. Apresentando a linha de aço e fiberglass, os ambientes mostravam as peças da empresa em ambientes completos, contando com representações femininas em várias fotos [Fig. 24-25; Fig. 93]. Nos meses seguintes, as empresas que apresentaram editoriais em *Casa & Jardim* dentro de "C. J. Visita" foram Mobília Contemporânea, Celina Decorações, Arredamento, Forma e Lafer.

Houve uma interrupção do projeto entre janeiro e junho de 1971, quando foi retomado com um novo editorial produzido pela Mobilinea, e continuou até outubro de 1975. Todas as empresas do primeiro ciclo, salvo a Forma, também estiveram nesse segundo, além de Hobjeto, Cimo, Gerdau e outras. Em sua segunda participação, Mobilinea optou por uma abordagem diferente, não reproduzindo ambientes domésticos, mas criando um cenário abstrato com móveis da linha Prêt-à-Porter, distribuídos sobre arquibancadas, entre frutas tropicais [Fig. 12]. Esse tipo de desconstrução espacial foi usado em algumas propagandas da Mobilinea no período, e o uso de comida ou animais, como vimos, tornava as imagens marcantes e quebrava a rigidez das linhas industriais dos móveis.

No mesmo sentido de promover a indústria nacional de design, como fazia em "C. J. Visita", *Casa & Jardim* criou na virada para a década de 1970 uma seção em que entrevistava designers proeminentes no Brasil (muitas vezes os mesmos cujas empresas eram escolhidas para os editoriais, mas em números distintos) e Ernesto Hauner foi o selecionado em maio de 1971, respondendo a perguntas de natureza similar às das revistas especializadas.

Com o surgimento da Home Store, a Mobilinea diminuiu seu investimento na mídia impressa para focar no novo empreendimento, e há poucas participações relevantes em *Casa & Jardim* a partir de então. Em linhas gerais, algumas características puderam ser identificadas na revista no decorrer dos anos 1970: por um lado, aumentaram as reportagens sobre arquitetura e interiores reais, bem como propagandas de materiais de construção e revestimentos; ao mesmo tempo, surgiram matérias sobre outros ramos da decoração além de mobiliário, como tecidos e louças, o que parece um sinal de maior variedade e especialização do mercado.

O segundo veículo mais importante para a Mobilinea entre as revistas de estilo de vida foi *Claudia*, que ia além das preocupações referentes aos cuidados com o lar, buscando tratar de todas as questões do universo feminino. Segundo Jaqueline Rios dos Santos, a proposta editorial de *Claudia* à época do lançamento era transpor e interpretar o cenário social e cultural brasileiro em um vocabulário cotidiano (cf. SANTOS, 1996).

Para Luís Carta, primeiro editor da revista, ela foi o "abrasileiramento de uma fórmula de revista feminina mensal que já vinha sendo aplicada, fazia vários anos, nos EUA (*Mc Call's* e *Ladies Home Journal*) e na Europa (*Marie Claire, Arianna*)".[7] *Claudia* foi lançada pela Editora Abril em 1961, com tiragem nacional, concebida e dirigida inicialmente por Sylvana Civita – esposa de Victor Civita – e Micheline Gaggio Frank, que viera em 1953 da Editorial Abril da Argentina para atuar em *Capricho, Ilusão* e outros títulos femininos da empresa brasileira (cf. MIRA, 2001, p. 51). Luís Carta foi o diretor de redação até o fim de 1965, quando entrou em seu lugar Thomaz Souto Corrêa, que permaneceu até 1972. Depois dele, ocupou o cargo Carlos Alberto Fernandes, até 1978.

A mulher com quem *Claudia* conversava e personificava tinha características similares às da mulher retratada em *Casa & Jardim*,

---

7   Depoimento de Luís Carta em *Claudia*, São Paulo, p. 29, out. 1981.

mas aqui investia-se na cumplicidade com as leitoras e mesmo na ideia de confidência entre amigas, o que deixava a revista bastante persuasiva (cf. PINKSY, 2014). Os artigos de comportamento eram maioria, mas seções temáticas foram aos poucos se consolidando até se tornarem publicações independentes, lançadas em intervalos variados. *Claudia Noiva* e *Claudia Cozinha* surgiram em abril de 1964; *Claudia Decoração*, em abril de 1967; *A Casa de Claudia* começou em agosto de 1969 (em abril de 1974 passou a se chamar *Casa Claudia*); *Ele & Claudia* apareceu em outubro de 1971; *Claudia Moda* em abril de 1971; *Claudia Beleza* em junho de 1971 e *Claudia Moda & Beleza* em junho de 1973.

As fotos de interiores domésticos em *Claudia* até a segunda metade da década de 1960 eram compradas de publicações estrangeiras ou feitas na casa de personalidades brasileiras, sem instruções sobre como adquirir as peças exibidas. Nos anos seguintes, a produção nacional começou a ser mais valorizada, e no início de 1968 Tomaz Souto Corrêa convidou Georgia Hauner para fazer um editorial em *Claudia Noiva* que sairia em março daquele ano, tendo como tema a casa de recém-casados. Esse contato pode ser entendido como um reconhecimento de Corrêa pelo trabalho que Georgia vinha realizando nas lojas e propagandas da Mobilinea, e seu editorial foi bem recebido na Abril, tanto que foi chamada para ser a nova editora de decoração de *Claudia* e seus números especiais. As solicitações da revista para cada edição eram bastante livres e Georgia teve liberdade para expor seus pontos de vista: ela era incumbida de produzir um determinado número de páginas[8] e tinha um prazo para entregá-las, podendo escolher quais empresas promover, com um carro da Abril à disposição para buscar e devolver os móveis selecionados. Os cenários eram construídos em estúdios fotográficos ou na fábrica da Mobilinea, muitas vezes mobilizando operários da fábrica para esse fim. De acordo com Georgia, a Abril não interferia muito em seu trabalho por considerá-la uma especialista:

---

8   Ao todo foram localizadas 163 páginas produzidas por Georgia Hauner como editora de decoração em *Claudia*, sendo 18 páginas em *Claudia*, 15 páginas em *Claudia Noiva* e 130 páginas em *Claudia Decoração*. Esses números descontam propagandas da empresa e inserções da Mobilinea realizadas independentemente de seu cargo na Abril.

Os editores olhavam, às vezes criticavam nas minhas fotos uma coisa ou outra, às vezes elogiavam. E também no planejamento das revistas eles me deixavam mais ou menos livre. Nunca me deram temas para desenvolver, a não ser o de promover a indústria brasileira. Essa era a única direção que me deram para as revistas que eu fazia para eles (HAUNER, 2012c).

Por iniciativa própria, Georgia estabeleceu uma parceria com o Museu de Arte de São Paulo (Masp), diretamente com Pietro Maria Bardi, que a apoiou e passou a emprestar quadros e esculturas para os cenários por ela construídos, entendendo que mais gente teria acesso àquelas obras nas páginas da revista do que no próprio museu. Via Bardi, Georgia entrou também em contato com a Divisão de Parques e Jardins da Prefeitura de São Paulo para pedir sua colaboração, a partir da qual foi possível incorporar uma boa variedade de plantas nos ambientes. Ela diz sempre ter tomado cuidado em não privilegiar a Mobilinea em detrimento de outras empresas de design que julgasse relevantes, mas, ainda assim, móveis da empresa apareceram em quase todos os editoriais feitos por ela, o que aumentou consideravelmente a exposição da marca na mídia durante esse período.

Em 1969, a Editora Abril criou uma promoção para os leitores de *Claudia*, sorteando duas casas pré-fabricadas de 120 m² produzidas por Bel Recanto, que poderiam ser montadas em qualquer lugar do Brasil. A promoção "Casa de Claudia" foi anunciada pela primeira vez em março, e no mês seguinte foi publicado um novo anúncio informando que houve uma grande mobilização de empresas de construção e decoração interessadas em contribuir com a promoção, de modo que se definiu que a casa sorteada seria completa, com todos os móveis, aparelhos, tintas e acabamentos. Uma casa modelo foi construída no bairro do Morumbi, com projeto interno feito por Georgia Hauner, e aberta para visitação, incluindo peças de Anselmo Cerello, Arredamento, Frigidaire, Mobília Contemporânea, Mobilinea, Probjeto, Tintas Coral e outras empresas de móveis,

design editado | 193

equipamentos domésticos e complementos à construção civil [Fig. 83-Fig. 85].

No mesmo ano, houve a experiência da Mobilinha Claudia, parceria entre a Mobilinea e a Editora Abril para a produção de uma linha de móveis infantis, que se refletiu em um editorial e em propagandas subsequentes também feitos por Georgia [Figs. 21-23]. Essa colaboração se inseria em uma política mais ampla da Editora em fomentar o design nacional por ações diretas, e com esse mesmo fim há registros de parcerias entre Abril e Mobília Contemporânea em janeiro de 1968, e com Hobjeto em setembro de 1970.

Georgia trabalhou para *Claudia* até 1970. Além da demanda de trabalho que mantinha na Mobilinea, seus depoimentos indicam que o volume de trabalho e prazos de entrega impostos pela Abril eram extenuantes. As imagens que produziu enquanto estava contratada, entretanto, permaneceram como propriedade da editora, que tinha liberdade para usá-las da maneira que quisesse. Isso explica como uma foto produzida por Georgia Hauner publicada em dezembro de 1968 em *Claudia Decoração* apareceu na capa da revista espanhola *El Mueble* em 1975.

Na reportagem original, "Você nem percebe, mas está cercada de arte por todos os lados", a proposta era mostrar como incluir arte na decoração da casa independentemente do nível de renda de seus moradores, e na imagem representando o quarto de casal todos os móveis eram da Mobilinea e estavam laqueados em amarelo. Sobre a cama, haviam sido fixadas algumas páginas dos fascículos "Gênios da Pintura", coleção resultante de uma parceria entre a Editora Abril e o Masp, e na parede à esquerda da imagem via-se um quadro pintado por Georgia de seus dois filhos [Fig. 75].

Com isso, vemos que a circulação de imagens acontecia em diversos sentidos, podendo-se imaginar que da mesma forma que fotos de ambientes identificados como alemães, franceses ou americanos apareciam em *Claudia*, esta enviava suas imagens a editoras desses

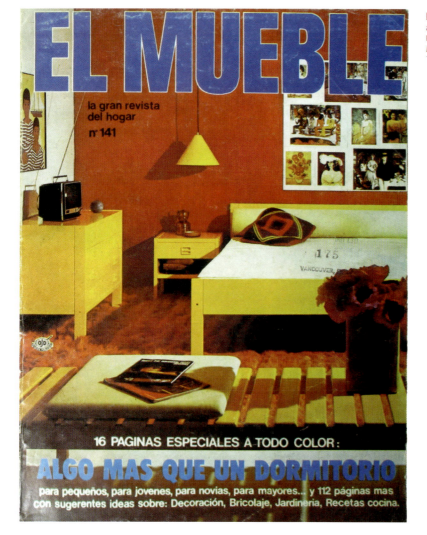

Fig. 75: Capa de *El Mueble* com ambiente Mobilinea feito por Georgia Hauner para *Claudia Decoração*. El Mueble, Barcelona, 1975. Acervo Grupo RBA.

países, divulgando e compartilhando certa estética doméstica. Não é exibida mais nenhuma foto da Abril no interior desse número de *El Mueble*, mas, ainda assim, essa escolha de capa, desvinculada de qualquer intenção comercial, reafirma a ideia de que a Mobilinea, a partir dos ambientes criados por Georgia Hauner, havia estabelecido uma linguagem que representava um estilo de vida que ultrapassava a própria marca e mesmo o país.

Ainda assim, a empresa continuava se promovendo individualmente e, entre 1971 e 1972, elaborou uma grande campanha para divulgar a linha Prêt-à-Porter, na qual todas as propagandas tinham a mesma diagramação, com uma imagem e um pequeno texto que ressaltava as qualidades dos móveis e da empresa, e que foi divulgada em *Casa & Jardim*, *Claudia Decoração* e *Casa Claudia*. Ao todo, foram produzidas seis fotografias, que apresentavam salas de jantar e de estar, dois dormitórios de casal e um de solteiro, além de um depoimento de Marcelino de Carvalho atestando a qualidade dos móveis da empresa.[9]

A primeira propaganda dessa série exibe um ambiente de jantar: na imagem, vemos uma mesa e quatro cadeiras, um carrinho de chá e dois buffets ladeando uma janela central, todos laqueados de branco; o piso está coberto por um tapete azul escuro, a estampa do estofado das cadeiras e da parede ao fundo é azul com flores brancas, uma luminária azul pende sobre a mesa e objetos diversos decoram as paredes. Todo o ambiente está banhado por uma luz que vem da janela e de uma fonte à direita do quadro, quente e clara como o nascer do sol. Folhas de samambaia emolduram a imagem, ao mesmo tempo que criam uma situação voyeurística, colocando o leitor em uma posição de olhar interessado, como se estivesse observando de outro cômodo ou até de outra janela, vislumbrando como seria sua vida com Mobilinea – estratégia que se repetiu ao longo da campanha [Fig. 76].

---

9   Marcelino de Carvalho era conhecido à época como professor e autor de livros sobre etiqueta e gastronomia, redator de colunas sociais e apresentador de um programa de TV sobre esses temas (cf. APPA, 2012).

Fig. 76: Propaganda Mobilínea. "Esta sala é de quem passou ontem pela Mobilínea". *Casa & Jardim*, Rio de Janeiro, p. 67, set. 1971. Acervo Editora Globo S. A./Agência O Globo.

Nas demais revistas de estilo de vida, a Mobilinea apareceu principalmente após a inauguração da loja no Shopping Iguatemi, quando atingiu uma posição mais consolidada no mercado: *Joia*, revista feminina da Editora Bloch que concorria com *Claudia*, criou editoriais temáticos entre 1967 e 1969 com ambientes da Mobilinea; já *Desfile*, publicação de moda também da Editora Bloch, lançou alguns números especiais sobre decoração entre 1972 e 1974, que contaram com fotos produzidas na Home Store exibindo móveis da Mobilinea e de outras empresas. Finalmente, *Mais*, revista feminina da Editora Três, incluiu a empresa em uma reportagem de 1974 que buscava entender qual era o papel da decoração naquele momento, perguntando aos profissionais que "de uma forma ou de outra, ditam as regras do jogo. Para concluirmos que poucos são os que seguem estas regras".[10] Ernesto Hauner foi entrevistado como designer da Mobilinea, e Georgia Hauner como responsável pela Home Store. Em linhas gerais, a presença da Mobilinea nas revistas de estilo de vida foi marcada por liberdade para expor seus pontos de vista e um investimento grande na produção de imagens, transmitindo novas maneiras de agenciar o morar e se portar no espaço doméstico.

Foi possível enxergar um padrão de representação nas diversas formas de inserção da empresa na mídia impressa, que ia desde uma preocupação em atestar a acessibilidade de seus móveis — por meio dos prazos de entrega ou formas de pagamento — até, e o que parece mais importante, afirmar-se com certa irreverência, que marcava tanto os textos como as imagens da empresa: a "Conspiração de antessala", os ambientes ocupados por frutas, animais e objetos aparentemente descabidos, ou as funcionárias trabalhando de minissaia — todos buscavam se destacar nas páginas dos periódicos e transmitir uma sensação de atualidade e ousadia.

Sistematizando essas aparições, nota-se uma constância da empresa em *Casa & Jardim* e um grande aumento da exposição da

---

10   "Decoração? Não existe mais. É o que dizem os arquitetos de interiores". *Mais*, São Paulo, p. 40, abr. 1974.

marca com a entrada de Georgia Hauner na Editora Abril, aliada a uma pluralização do tipo de revista que contava com a presença da empresa em suas páginas, que pode ser creditado também a um reconhecimento de Ernesto Hauner no campo do design. Como vimos, a partir da inauguração da Home Store, que se valeu não apenas das estratégias desenvolvidas para as demais lojas da Mobilinea como também dessas experiências editoriais, os investimentos da Mobilinea na mídia impressa diminuíram consideravelmente, mas suas peças ainda eram escolhidas para participar de reportagens temáticas, mesmo que fossem apresentadas em cenas simples ou em fotos produzidas pelas revistas [Fig. 77].

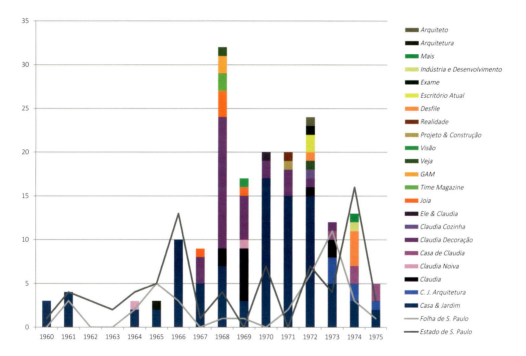

Fig. 77: Gráfico das aparições da Mobilinea na mídia impressa por ano e veículo, realizado a partir do levantamento de periódicos. No caso dos jornais, optamos por uma representação separada porque, com suas tiragens diárias, não se pode atribuir o mesmo peso a inserções neles e em revistas.

DOMESTICIDADES MODERNAS

Em fotos como as da campanha para divulgar os móveis Prêt-à-Porter ou produzidas para editoriais (muitas das quais circularam posteriormente como propagandas), bem como na disposição dos móveis nas lojas, evidencia-se na Mobilinea uma coerência na forma como ela buscava ocupar ambientes e no cuidado em transmitir a ideia de que aqueles móveis tinham uma neutralidade sobre a qual poder-se-ia imprimir a personalidade de seus ocupantes. Móveis em madeira maciça aparente eram populares na Mobilinea, mas a escolha pelo branco ao longo dos anúncios e reportagens dava um *status* de novidade, ao mesmo tempo que não limitava as opções de composição, sendo dispostos de maneira que suas qualidades materiais fossem valorizadas e buscando suscitar nos leitores um desejo de que suas vidas insinuassem uma narrativa atraente como as propostas nas imagens, muitas vezes fora de padrões tradicionais.

Em abril de 1968, *Casa & Jardim* fez uma reportagem sobre quartos e salas de estar com sugestões para diversos tamanhos de casa, na qual ponderavam que comprar móveis deveria ser um investimento e, portanto, eles deveriam durar – tanto física como esteticamente –, e convidaram algumas empresas para apresentarem suas propostas.[11] A sala criada por Mobilinea foi dividida em dois níveis: no primeiro plano, vemos um conjunto de sofás, poltronas e mesa de centro; atrás desse ambiente, elevado cerca de meio metro em relação ao primeiro, foi montada uma área de jantar com mesa, poltronas Thonet, carrinho de chá e estantes modulares. Mais uma vez os móveis foram laqueados em branco, com estofados e lustre de papel em tons de laranja, complementados ainda por flores, um pote de laranjas, abóboras espalhadas pelo piso, mais alguns objetos decorativos e muitas plantas. De acordo com o texto de apresentação, tratava-se de uma decoração para "apartamento ou residência com três cômodos para recém-casados que desejam

---

11 As empresas chamadas para participar dessa matéria foram Mobilinea, Hobjeto, Montmartre Jorge, Novo Rumo, Celina Decorações, Paschoal Bianco e Arredamento. Cf. "Sala e quartos". *Casa & Jardim*, Rio de Janeiro, abr. 1968.

Fig. 78: Ambiente de estar Mobilínea. "Sala e quartos". *Casa & Jardim*, Rio de Janeiro, pp. 80-81, abr.1968. Acervo Editora Globo S. A./Agência O Globo.

utilizar um dos quartos como escritório ou ambiente de leitura",[12] e descreve os ambientes com algumas características materiais, reforçando que seriam moradores jovens e alegres.

Essa sala apareceu no mês seguinte em uma propaganda da revista *Time – Latin American Edition* com diferenças mínimas em relação

---

12   *Ibidem.*

à imagem do editorial de *Casa & Jardim*,[13] e também em uma propaganda de página simples divulgada nas edições de *Claudia* e *Claudia Noiva*, em 1969. Nelas, foi incluído um pequeno texto que reforçava a ideia de que esse ambiente estaria voltado a um casal jovem começando a vida juntos: "Mobilinea compreende os problemas de quem inicia a vida agora. Converse com eles. Temos a certeza de que você irá encontrar um planinho racional de decoração (e de pagamentos também)".[14] Se esse "casal" já tivesse uma situação que permitisse a compra de um apartamento de tamanho razoável, a possibilidade de financiar seus móveis ajudaria a diluir os gastos [Fig. 78].

Como vimos, ambientes integrados estavam em voga porque a arquitetura residencial caminhava para espaços menores e menos compartimentados, mas que ainda exigiam algum tipo de organização. A fim de criar um repertório acerca dessas questões, revistas publicavam editoriais didáticos e, em algumas dessas ocasiões, Mobilinea teve a oportunidade de não apenas apresentar suas peças, mas com efeito mostrar o passo a passo para a construção de seus ambientes.

Foi esse o caso da reportagem "Divisores de Ambientes" de maio de 1968, em que *Casa & Jardim* pediu para Celina Decorações, Companhia Produtora de Vidro (Providro) e Mobilinea que organizassem ambientes grandes ou pequenos a partir de divisórias, aparentemente sem restrições quanto à apresentação de suas propostas.[15] Mobilinea, além de desenvolver uma planta, construiu um apartamento cenográfico inteiro para mostrar como resolver um imóvel de dimensões reduzidas, perdendo o mínimo possível de área, o que significou remover todas as paredes (menos as do

---

13 A nova foto desse cenário foi tirada de uma altura superior e o enquadramento foi mais bem trabalhado com a inserção de uma tapeçaria na parede esquerda e mais plantas à direita. Propaganda Mobilinea, "...This is Mobilinea". *Time - Latin American Edition*, maio 1968.

14 *Ibidem*.

15 Celina mostrou uma planta residencial e fotos em estúdio de uma estante em madeira maciça de piso a teto com duas faces, separando salas de estar e de jantar, e Providro apresentou vidros recém-lançados no mercado nacional, através de fotos de projetos já executados para espaços corporativos. Cf. "Divisores de Ambientes". *Casa & Jardim*, Rio de Janeiro, pp. 49-55, maio 1968.

banheiro) e criar divisórias com estantes próprias e também a partir de armários embutidos e cortinas. Além de fotos com vistas parciais dos cômodos, o mais impactante neste editorial foi uma fotografia tirada por cima do cenário, mostrando todos os ambientes do apartamento construído como em uma planta em perspectiva. Esse recurso era inédito em revistas naquele momento, e Georgia viria a usá-lo posteriormente nos editoriais para *Claudia*. Como em outras inserções, os móveis utilizados tinham pintura branca, deixando as cores para revestimentos e objetos decorativos [Fig. 79].

Fig. 79: Proposta Mobilinea para divisores de ambientes. "Divisores de Ambientes". *Casa & Jardim*, Rio de Janeiro, pp. 52-53, maio 1968. Acervo Editora Globo S. A./Agência O Globo.

Aqui, não restam dúvidas de que a proposta da empresa ultrapassava a necessidade de promover apenas seus produtos, preocupando-se com o projeto do ambiente doméstico em uma escala total. A revelação do estúdio fotográfico foi igualmente marcante em um editorial desenvolvido por Georgia Hauner em *Claudia Decoração* em 1968, no qual mostrava novamente como usar desníveis para dividir ambientes em casas ou apartamentos. Mais uma vez ela construiu uma sala de estar, com móveis da Mobilinea em primeiro plano, à frente de uma sala de jantar com piso elevado, mas deixando-se ver também o chão, os refletores e demais equipamentos do estúdio fotográfico [Fig. 80].[16]

Aqui eu fiz questão de mostrar que era montagem fotográfica porque o público sempre achava que a gente ia na casa de alguém e tirava foto. O público nunca se deu conta de que não dava para tirar foto assim numa casa de alguém porque tinha que recuar com a máquina fotográfica, então... Essas montagens chocaram mais gente, "nunca se fez isso em revista" porque revista fazia de conta que era coisa que existia (HAUNER, 2012d).

Nos dois casos, a preocupação era criar ambientes que pudessem ser organizados de maneiras outras que não com paredes separando cômodos, gerando espaços maiores e com alguma permeabilidade em seus usos. Tanto os desníveis como os "móveis-divisória" exercem papel similar em definir e organizar espacialmente a casa, e, nesse sentido, as estantes da Mobilinea assumem um caráter diverso aos seus móveis "avulsos" que ocupavam o centro dos cômodos, evidenciando assim a complementação das linhas. A proposição de imagens em que tanto o cenário como o trabalho de

---

16   Esse ambiente da Mobilinea era mais refinado do que os anteriores pela escolha de móveis e estofados monocromáticos na sala (novamente em branco) e pelos objetos e quadros usados, cedidos pela galeria Mirante das Artes e da coleção particular de Bardi. Quando uma propaganda da Mobilinea reutilizou apenas a imagem da sala sem revelar o estúdio fotográfico, retornou uma sensação de que este seria um ambiente real. Cf. "Degraus formam bancos e mesinhas". *Claudia Decoração*, São Paulo, pp. 56-57, ago. 1968; propaganda Mobilinea, "...Isto é Mobilinea, tapeçaria". *Veja*, São Paulo, set. 1968; propaganda Mobilinea, "Mobilinea". *Casa & Jardim*, Rio de janeiro, 1969. Edição do Ano.

Fig. 80: Editorial feito por Georgia Hauner para *Claudia Decoração* misturando móveis de diversas empresas: sala de estar com móveis Mobilinea e Cerello; quarto com móveis Mobília Contemporânea e Probjeto. "Degraus formam bancos e mesinhas". *Claudia Decoração*, São Paulo, pp. 56-57, ago. 1968. Acervo Abril Comunicações S. A.

quem o criou ficavam expostos, de alguma forma desmontando a ilusão da revista, também tornava seu resultado mais visível, mais apropriável – se era viável fazer isso em um estúdio, haveria de ser possível reproduzir na casa do leitor.

Na promoção organizada por *Casa & Jardim* por meio de "C. J. Visita" para sortear um projeto de interiores entre os leitores, a maneira de ensinar como ocupar uma casa se deu a partir da elaboração de um projeto personalizado, com instruções para que todos os artifícios propostos pudessem ser construídos. Nesses editoriais, depois das fotos dos produtos, a revista incluía páginas quadriculadas nas quais os leitores deveriam reproduzir a planta de sua casa em escala 1:100, incluindo os móveis próprios que quisessem manter, e enviar para a empresa promovida naquele mês. A empresa e a revista escolheriam então o caso mais "difícil", para o qual seria desenvolvido um projeto gratuitamente, e o vencedor ganharia ainda um desconto de 50% nas suas compras.

Como foi a Mobilinea quem estreou "C. J. Visita" em julho de 1970, não havia ainda um parâmetro de como esse projeto deveria ser feito. O vencedor foi anunciado em novembro em uma reportagem que começava explicando como funcionou a promoção e depois anunciando que o vencedor fora um economista e professor de Curitiba, casado, com três filhos. Sua casa fora escolhida, segundo o texto, por ser "absolutamente normal, sem nenhuma característica específica, onde a decoração criaria os ambientes";[17] era térrea, com 312 m² e construída recentemente. Além da disposição dos móveis, o projeto criava desníveis no piso com especificação de materiais para cada um deles, assim como para as paredes, portas e janelas. A matéria explicava ambiente a ambiente em detalhes:

> *No hall de entrada, na área de circulação e sala de jantar: piso de lajotas de cerâmica, para o escritório, a sala de visita e a parte dos quartos: carpete. A sala de estar íntima se diferencia por um piso elevado de tábuas largas.*

---

17 "Casa & Jardim e Mobilinea escolhem o projeto vencedor". *Casa & Jardim*, Rio de Janeiro, p. 53, nov. 1970.

A sala de visita, separada do resto da casa, foi resolvida em vários tons de cinza. As poltronas são de aço inox, com estofamento em tecido acrílico. No centro, uma mesa redonda de acrílico fumé com estrutura de aço. No canto, três luminárias brancas, com revestimento de poliéster. Para completar o ambiente, na parede, um painel pintado, formando ondas desde o preto até o branco.

[...]

Para o escritório, onde o proprietário pode receber clientes, foi escolhido o amendoim, tanto para a estante como para os acessórios. A parede em frente à janela é revestida de cortiça, com composição de quadros.

[...]

No meio da sala íntima, uma estante divide o espaço em duas áreas, deixando uma passagem para dar acesso aos quartos. Esta estante, de um lado, tem lugar para a vitrola, televisão, etc, e do outro lado tem uma mesa embutida para estudos das crianças. Na salinha íntima, um tapetão claro, móveis coloridos e uma grande mesa central de mármore formam o ambiente da lareira. De cada lado do fogo, foram colocados bancos de ripas com almofadas. Os sofás são montados sobre rodízios, para facilitar a manutenção.

[...]

No quarto da menina, uma estante formada de módulos da linha infantil: caixas, com e sem portas, bem coloridas. A parede, até um metro de altura, seria revestida de tecido, da mesma cor que a colcha. Para a menina brincar, uma mesa pintada e três cadeirinhas em escala infantil.

No quarto do casal, cama com colcha de veludo listrado e criados-mudos modulados, pintados de branco. Perto da janela, um console com espelho serve de penteadeira.[18]

Todas as linhas lançadas pela Mobilinea até então foram ali usadas: móveis em madeira maciça natural e pintada, em acrílico e aço, Thonet e Mobilinha [Fig. 81]. Há alguma proximidade entre esse projeto e a planta do apartamento tipo enviado às construtoras [Fig. 52] na maneira como os quartos são arranjados e, mesmo com um cliente específico, houve liberdade na ocupação e tratamento

---

18 *Ibidem*, pp. 53-54.

Fig. 81: Planta vencedora do primeiro concurso "C. J. Visita" com Mobilínea. "Casa & Jardim e Mobilínea escolhem o projeto vencedor". *Casa & Jardim*, Rio de Janeiro, pp. 52-53, nov. 1970. Acervo Editora Globo S. A./Agência O Globo.

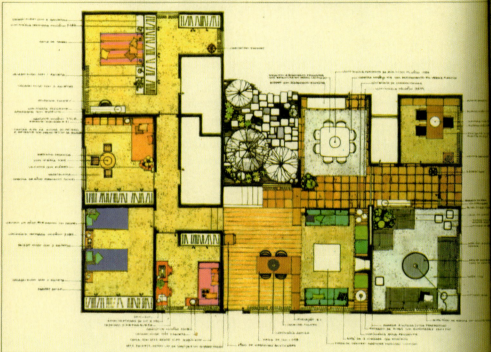

Casa e Jardim e Mobilínea escolhem o projeto vencedor

Neste mês, estamos dando início à publicação do primeiro projeto escolhido na promoção entre *Casa & Jardim* e os diferentes fabricantes de móveis. Se você foi um dos que enviou o seu pedido de projeto, saiba que em dezembro publicaremos o da Mobília Contemporânea; em janeiro o da Arredamento; fevereiro a Forma e em março o da Lafer (êste último a ser visitado no mês que vem).

Como vocês sabem, o projeto escolhido faz jus a um crédito em móveis até o valor de Cr$ 8.000,00, pagos por *Casa & Jardim*, desde que o orçamento do projeto seja de Cr$ 16.000,00, ou mais. Nos outros casos, onde o orçamento estimado fique abaixo daquele valor, o crédito será de 50% sô-

dos espaços. O orçamento superava em muito o limite máximo que seria pago por *Casa & Jardim*, de forma que, caso os móveis fossem comprados, o vencedor da promoção faria um investimento alto, fora os gastos de obra.

A Mobilinea participou pela segunda vez de "C. J. Visita" em julho de 1971, anunciando o vencedor em fevereiro do ano seguinte. Dessa vez, a empresa mudou o perfil do imóvel e escolheu um pequeno apartamento no Leblon, no Rio de Janeiro. Tratava-se de uma cobertura para um único morador, com sala, cozinha, banheiro, área de serviço e terraço, e para a qual foi desenvolvido um projeto também com especificação de pisos, iluminação, divisórias e móveis da Mobilinea e de outras empresas. É curioso que nas duas ocasiões em que a empresa participou da promoção, os premiados eram homens, revelando que havia também um público masculino atento às iniciativas da revista.

A descrição do projeto começava pelo terraço, onde seriam criados três espaços separados por desníveis no piso e um forro na zona central; na sequência, a disposição dos móveis era apresentada, mas de forma breve. Observando os desenhos, a característica mais interessante do projeto era a criação de um pequeno *hall* com uma estante divisória para a sala e acesso à cozinha [Fig. 82]. Também nesse caso não há como assegurar que o vencedor comprou os móveis e executou o projeto, mas há algo nessa proposta que parece mais factível, talvez por uma descrição e representação menos minuciosa de cada ambiente, permitindo mais liberdade na interpretação do projeto.

As características vistas nas propostas da Mobilinea em propagandas e editoriais se repetem em "C. J. Visita", no tipo de acabamento e disposição dos móveis, bem como na organização do espaço com diferentes materiais e alturas de piso, e novamente são elaboradas duas funções para os móveis – de ocupação e de definição dos ambientes. Na proposta para o apartamento carioca aparecem móveis de alvenaria (obviamente não produzidos pela Mobilinea), trazendo a esfera construtiva também para a decoração.

design editado | 209

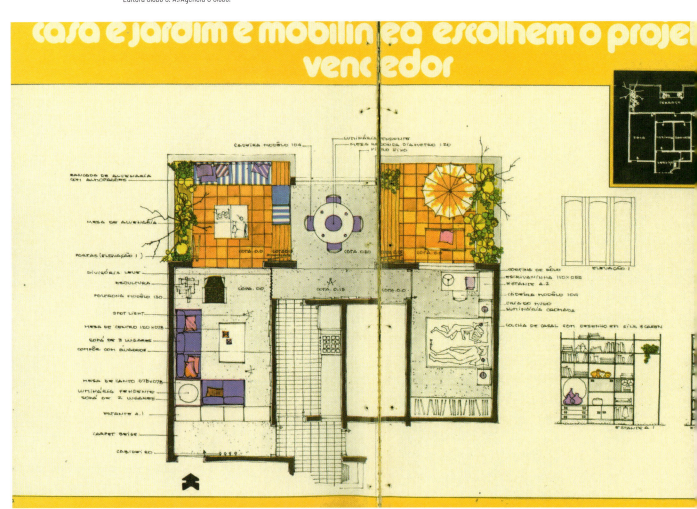

Fig. 82: Planta vencedora do segundo concurso "C. J. Visita" com Mobilinea. "Casa & Jardim e Mobilinea escolhem o projeto vencedor". *Casa & Jardim*, Rio de Janeiro, pp. 10-11, fev. 1972. Acervo Editora Globo S. A./Agência O Globo.

Os interiores da "Casa de Claudia", promoção da Editora Abril que sorteou duas casas entre seus leitores, também foram planejados por Georgia Hauner, e tratavam da construção de um ambiente doméstico integral. Assim, ainda que não tenha sido uma promoção de ambientes exclusiva da Mobilinea, exibia algumas estratégias recorrentes no trabalho da empresa que devem ser examinadas. Com ambientes de estar, jantar e cozinha integrados, três quartos,

Fig. 83: Planta da "Casa de Claudia" feita por Georgia Hauner. "Este mês a Casa de Claudia poderá ser sua". *Claudia*, São Paulo, p. 54, jun. 1969. Acervo Abril Comunicações S. A.

um banheiro e dois terraços. Uma casa igual às sorteadas foi construída para visitação no Morumbi, em São Paulo, ocupada com móveis e acabamentos das diversas empresas participantes a partir do projeto de Georgia. A revista dizia que essas casas poderiam ser construídas em qualquer lugar do Brasil, mas seu aspecto interior e exterior em madeira aparente (canela e peroba, principalmente) e telhados em duas águas sugeriam mais uma locação suburbana ou de veraneio do que na cidade, o que era permitido pela promoção.

Na revista *Claudia* de junho de 1969, três meses depois do início da promoção, foi publicada uma planta em perspectiva mostrando a casa com todos os móveis e acabamentos selecionados. Nela, vemos que a cozinha é aberta para a sala, separada por estantes e bancadas, e por isso na prática não há corredores. O piso é único, mas tapetes marcam os vários ambientes [Fig. 83].

Os móveis escolhidos para a sala de estar eram da Mobília Contemporânea, laqueados em branco, com mesa de centro em jacarandá de Arredamento. Havia também uma poltrona de balanço Thonet laqueada em vermelho da Mobilinea e objetos de Ruth Decorações, Dominici, Baú, Arte & Objeto e uma pintura de Paulo Becker, que já aparecera anteriormente em propagandas da Mobilinea [Fig. 84]. A sala de jantar separava-se desse primeiro ambiente por tapetes e tinha uma mesa redonda da Mobilinea laqueada em vermelho com quatro cadeiras de palhinha Arredamento. O mesmo tecido vermelho xadrez utilizado para revestir os assentos dos sofás e poltronas na sala foi colocado em painéis na parede da copa, sob lambris e chapas de madeira pintadas de branco recortadas em formas de frutas. Duas estantes modulares vermelhas da Mobilinea configuravam a entrada para a cozinha fabricada pela Honey's, revestida em fórmica vermelha e amadeirada, com cadeiras dinamarquesas vermelhas da Probjeto/Mobilinea.

No quarto do casal e no infantil, camas e mesas de cabeceira eram da Mobília Contemporânea, cercados por objetos e acessórios das outras empresas participantes e mais um quadro de Paulo Becker. No primeiro quarto, as cores principais escolhidas por Georgia foram rosa, mostarda e castanho, enquanto o segundo foi todo ocupado em branco e azul claro. Finalmente, no quarto do bebê, todos os móveis eram da linha Mobilinha da Mobilinea, laqueados em amarelo e vermelho [Fig. 85].

A escolha dos tecidos e revestimentos é menos impactante do que nos editoriais e propagandas feitos por Georgia para a Mobilinea por não terem padronagens ou cores contrastantes, mas talvez suas possibilidades estivessem restritas à oferta dos demais participantes, ou ela tenha procurado se adequar a um gosto mais sóbrio. Além

Fig. 84: Sala de estar da "Casa de Claudia" com móveis de Mobília Contemporânea, Arredamento e Mobilinea. "Olhe só: você já pode ganhar a primeira das duas Casas de Claudia". *Claudia*, São Paulo, pp. 76-77, maio 1969. Acervo Abril Comunicações S. A.

Fig. 85: Quarto de bebê da "Casa de Claudia" com móveis Mobilinha. "Olhe só: você já pode ganhar a primeira das duas Casas de Claudia". *Claudia*, São Paulo, p. 83, maio 1969. Acervo Abril Comunicações S. A.

disso, pelos próprios limites físicos dos ambientes, a iluminação e o enquadramento das fotos não se destacam da mesma maneira que na produção de imagens feitas nas lojas ou em estúdios.

Apesar de "Casa de Claudia" contemplar um espaço que seria genuinamente vivido, ela ainda não contava com moradores e não tinha um lugar social ou geográfico definido, o que de certa forma a deixava tão abstrata quanto as propostas de "C. J. Visita", já que nenhuma delas foi exibida depois de ocupada. Houve duas ocasiões, contudo, em que as revistas examinadas efetivamente apresentaram os móveis da Mobilinea em ambientes reais e habitados, e não por acaso foram residências do casal Hauner: em 1971, na revista *Realidade*, e em 1974, em *Casa de Claudia*. Nessas reportagens, o interesse era exibir os ambientes domésticos como um todo e discutir os recursos arquitetônicos empregados para criá-los.

Evidentemente, Georgia e Ernesto não podiam ser tomados como consumidores típicos da Mobilinea, mas em nenhum dos casos foram promovidos como "personalidades". Para as revistas, suas casas eram retratadas como casas de um casal moderno, mas não excepcional. Não é explicitado por que ou como foram escolhidos, mas considerando a informalidade dos circuitos profissionais é provável que tenham sido indicações de amigos do casal ligados à editora (ambas publicações eram da Editora Abril, onde Georgia deixara de trabalhar em 1970).

Em março de 1971, a revista *Realidade* publicou uma reportagem intitulada "Reforme sua casa", na qual apresentava dicas para reformar casas e apartamentos a partir da residência dos Hauner no bairro Itaim Bibi, em São Paulo. O texto começava afirmando que a "decoradora paulista Georgia Hauner comprou um apartamento de cobertura e resolveu transformá-lo inteiramente. Ela fez da cobertura – que no projeto original se resumia a um salão de festas e piscina – um outro apartamento".[19] A reportagem mencionava as dificuldades de se fazer uma reforma, afirmando que tudo fora planejado antecipadamente, desde os custos de material até a colocação de mobiliário: "eu, simplesmente, transferi minha casa térrea para o 16º andar de um edifício do bairro Itaim, em São Paulo. Assim, juntei o conforto de uma casa às vantagens de um apartamento".[20] A matéria seguia explicando particularidades de obras em prédios de apartamentos do ponto de vista estrutural e condominial e depois dava dicas para reformas de casas, sem fotografias.

Para mostrar a reforma e o edifício, Georgia e a revista colaboraram na produção de uma planta perspectivada desenhada sobre uma

---

19 "Primeiro problema: o apartamento". *Realidade*, São Paulo, p. 142, maio 1971.

20 *Ibidem*. O casal morava anteriormente em um casa no bairro do Sumaré, em São Paulo.

foto aérea do edifício (tirada de um helicóptero contratado pela Abril). Nela, vemos que dois jardins externos foram incorporados ao imóvel, incluindo uma piscina que provavelmente havia sido pensada para uso coletivo. O apartamento em si tinha dois quartos, uma sala-escritório, sala de estar, sala de refeições e serviços. Embora uma integração total não tenha sido possível porque ele era cortado ao meio pela prumada de circulação vertical do edifício, as duas alas reuniam mais de uma função, separando os ambientes com mobiliário e desníveis. Todos os móveis principais eram da Mobilinea e cada lado do imóvel foi ocupado com peças de uma espécie de madeira – provavelmente jacarandá na sala principal e amendoim na sala íntima –, enquanto o quarto de casal tinha móveis brancos. Como o apartamento possuía dois andares e a área de serviço ficava no pavimento inferior, não é possível compreender completamente seu funcionamento [Fig. 86].

Nas fotos, vemos a sala de estar com uma estante-divisória ao lado de uma parede de tijolos aparentes com lareira, lembrando o projeto da loja do Shopping Iguatemi. Em outra foto é possível ver um jardim de inverno onde está a mesa com canteiro central, rodeada por cadeiras Bertoya de plástico moldado, além de vasos de planta e xaxins arranjados em diversas alturas [Fig. 87].

Três anos depois, na edição de *Casa de Claudia* de agosto de 1974, foi o apartamento de veraneio dos Hauner no Guarujá, no Edifício Sobre as Ondas, que mereceu um editorial. Dessa vez, a reforma foi feita a partir da união de duas unidades de um dormitório.[21] O novo imóvel ficou com 104 m², e a seção da frente passou a concentrar as áreas sociais de estar e jantar, além de um quarto conversível, cozinha, lavabo, banheiro e quarto de empregada. A seção de trás (um pouco maior pela arquitetura curva do edifício) acomodou três quartos e dois banheiros. A reportagem anunciava que a reforma fora feita por Georgia Hauner e que o novo imóvel

---

21 Vale lembrar que a estratégia de unir imóveis diferentes para que se adequassem aos objetivos imaginados pelos Hauner fora utilizada tanto na residência do casal no Itaim Bibi como no projeto da Home Store.

era todo decorado com peças da Home Store, de forma que nesse caso pode ter havido um interesse mais direto na promoção dos móveis. [Fig. 88].

O piso nas áreas sociais era de cerâmica verde e azul, de H. Cerâmica, e funcionava como elemento de comunicação entre os espaços, enquanto a sala separava-se da entrada do apartamento por uma estante modular e degraus que serviam de arquibancada.[22] Os módulos de assento nesse ambiente sugeriam posturas informais aos seus usuários, que poderiam se sentar como se fossem sofás ou se deitarem neles abertos como espreguiçadeiras, além de também ser possível ocupar o chão, contando com almofadas soltas [Figs. 29; 89].[23]

A sala lateral foi pensada para funcionar tanto como sala de jantar quanto como um quarto extra: o primeiro arranjo era feito com mesinhas modulares Probjeto e cadeiras em fiberglass Mobilinea azul-marinho, que podiam formar mesas maiores ou ser dispostas individualmente, dependendo do número de convidados, que poderiam ficar todos juntos ou em pequenos grupos. Fechando a parede divisória entre ambientes, surgia uma cama pivotante de casal, que aberta criava um novo quarto mantendo os mesmos acabamentos da sala, de forma que não havia uma hierarquia entre os usos da casa.

Vê-se desse modo uma coesão entre os ambientes em que os Hauner viviam e os que eram apresentados em nome da Mobilinea. Nesse sentido, sua conceituação sobre o que entendiam por uma residência moderna e o que era divulgado pela empresa constituíam uma unidade. As características comuns entre eles, em toda sua variação de propostas, eram de descontração, misturando peças artesanais e industriais, objetos decorativos inusitados e de arte

---

22   Sobre a arquibancada foram distribuídas pequenas almofadas que faziam um contraponto às almofadas no sofá - estas identificadas por Georgia como se fossem "cerâmica mole", por repetirem o padrão do piso.

23   A mulher nas fotos desse editorial foi uma modelo contratada pela Editora Abril, pois Georgia afirmou não ter tido interesse em participar.

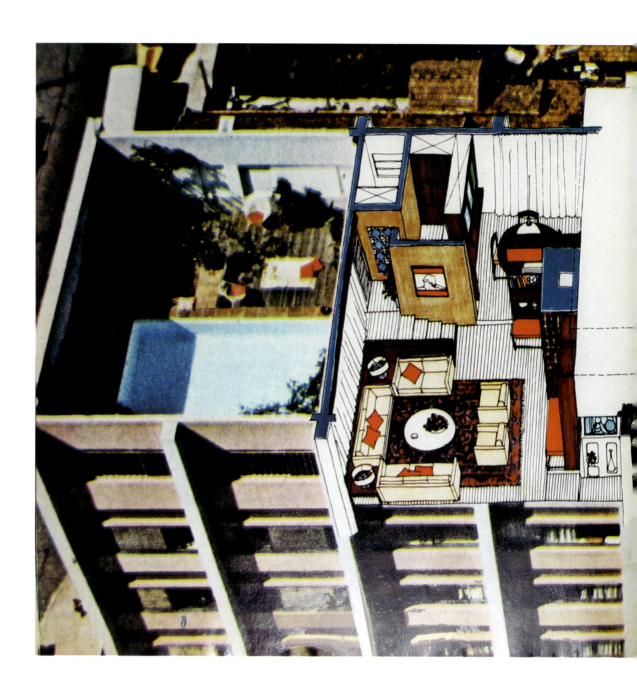

Fig. 86: Vista aérea do prédio em que o casal Hauner morava, no Itaim Bibi, com planta interna desenhada sobre a foto. "Primeiro problema: o apartamento". *Realidade*, São Paulo, pp. 142-143, maio 1971. Acervo Abril Comunicações S. A.

Fig. 87: Sala de estar do apartamento do casal **Hauner.** "Primeiro problema: o apartamento". *Realidade*, São Paulo, p. 143, maio 1971. Acervo Abril Comunicações S. A.

em sua concepção mais tradicional, plantas tropicais e silvestres; a remoção de paredes, delimitando ambientes de estar, jantar ou repouso por meio de desníveis de piso ou divisórias que serviam também para outras funções; a separação, nesse sentido, de móveis de organização e de ocupação do espaço; o uso frequente de cores, estampas e texturas como recursos para renovar acabamentos, mantendo a estrutura básica desses móveis; e uma "harmonia" nos espaços em todos os seus elementos – não há nada que não combine –, indicando um projeto integral e que supõe ocupantes que também estejam em conformidade com ele.

Assim, a domesticidade proposta pela Mobilinea dizia respeito também à sua ideia de moral e padrões de relacionamento dos habitantes de uma mesma casa, propondo comportamentos distintos aos

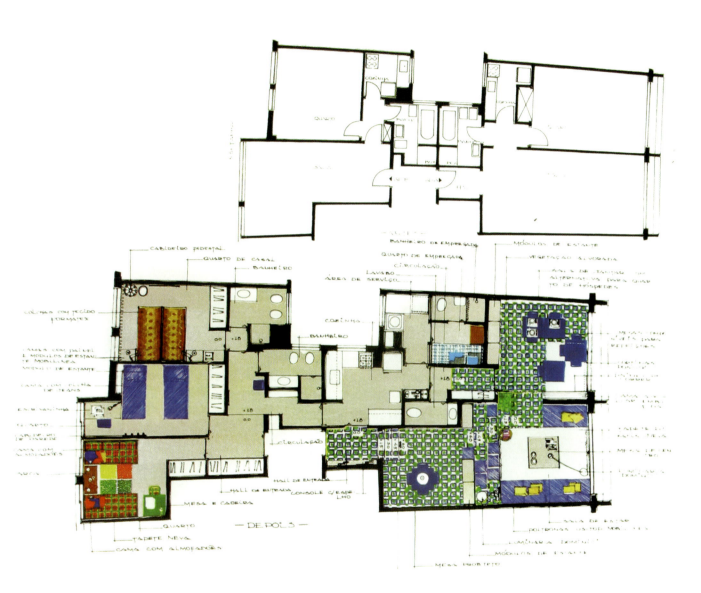

Fig. 88: Planta do apartamento do casal Hauner no Edifício Sobre as Ondas, no Guarujá. A imagem de cima mostra o andar original com dois apartamentos, e a de baixo, a união dos dois com o projeto de interiores feito por Georgia Hauner. "Boa ideia: juntar dois apartamentos pequenos". *Casa de Claudia*, São Paulo, p. 77, ago. 1974. Acervo Abril Comunicações S. A.

Fig. 89: Sala de estar da casa de veraneio do casal Hauner com vista para a janela. "Boa ideia: juntar dois apartamentos pequenos". *Casa de Claudia*, São Paulo, p. 75, ago. 1974. Acervo Abril Comunicações S. A.

da geração anterior em que móveis e objetos domésticos não eram pensados e dispostos para serem usados, mas vistos muitas vezes como composições estáticas. Ao mesmo tempo que as imagens da Mobilinea, publicadas em periódicos, eram extremamente visuais, elas inspiravam igualmente o consumo e seu uso, sugerindo com isso que a própria leitora das revistas assumisse um papel em que não se inserisse mais no ambiente doméstico para adornar a casa como esposa ou para garantir sua manutenção como dona de casa, mas para desfrutar e ter prazer em estar ali.

A MULHER MOBILINEA

A maneira de Georgia Hauner pensar interiores domésticos era indissociável dos cenários e ambientes que criou na Mobilinea. Ao mesmo tempo, com o convite para trabalhar como editora de decoração para *Claudia* em 1968, ela pôde estabelecer seu nome e seu trabalho de maneira independente da empresa e também com maior projeção. Sobre os atores e veículos que exercem papeis como esse que Georgia veio a ocupar, Marinês Ribeiro dos Santos (2010, p. 62) considera que:

> *A intermediação cultural desempenhada pelas/os realizadoras/os das mídias de estilo de vida assume um caráter de voz de autoridade capaz de interpretar e de traduzir, para parcelas particulares da população, conhecimentos e padrões de gosto relacionados a práticas cotidianas.*

Enquanto esteve nesse cargo, Georgia escreveu um "cursinho rápido de decoração", veiculado em *Claudia Decoração* de agosto de 1968, que talvez tenha sido o texto mais relevante que publicou ao longo do período estudado. Ela começava sua aula fazendo a seguinte afirmação:

Você sabe fazer decoração. Toda mulher sabe. É como dar um jeito no cabelo, arrumar um prato de servir no jantar, colocar flores num vaso. Decorar uma casa ou um apartamento, você sabe, também. Você nasceu sabendo. Esta sua habilidade é que transforma em lar a casa que você escolheu para morar. Nenhum decorador profissional pode substituir você nessa função, exclusivamente sua, que é aprontar o "ninho". Um bom profissional poderá ajudar no planejamento. Mas não corra o risco de permitir que essa orientação penetre na sua vida íntima, a ponto de colocar arranjos de flores artificiais, bibelôs em cima das mesas, livros em suas estantes, e outras arbitrariedades. [...] Deixe que todo o mundo saiba quem você é, quais livros gosta de ler, os discos que gosta de ouvir, os quadros que a fazem vibrar, as cores que a deixam feliz. Muita gente não vai gostar. E daí? O mais interessante, o que mais caracteriza a personalidade de cada pessoa, são justamente essas pequenas diferenças que fazem umas se distinguirem das outras.[24]

Assim, Georgia implicava as leitoras na responsabilidade pela decoração de suas casas, afirmando que esta era uma habilidade natural que todas teriam e para a qual não existia uma fórmula correta, mas que deveria corresponder à expressão individual de um desejo e uma necessidade. Na sequência, ela explicava não só o que entendia por planejamento: "não confunda planejamento com decoração. Planejamento é a distribuição funcional e agradável dos móveis dentro do ambiente",[25] e como ler uma planta: "quando você olhar uma planta, imagine que está olhando o apartamento de cima, sem teto, e que está vendo o chão de todos os cômodos, os corredores, tudo",[26] como também mostrava esses conceitos nos cenários fotografados de cima. Recomendava às leitoras que estudassem a planta do imóvel que estivessem pensando em comprar antes de se decidirem e, para tal, ensinava como desenhar em escala e distribuir móveis e pontos de interesse. Em relação aos acabamentos, aconselhava uma paleta de cores neutra, relegando tons fortes ou da moda aos elementos que pudessem ser mais facilmente substituídos, e encerrava declarando

---

24 Georgia Hauner, "Cursinho rápido de decoração". *Claudia Decoração*, São Paulo, p. 6, ago. 1968.

25 *Ibidem.*

26 *Ibid.*, p. 8.

que a leitora estava "diplomada" com essas dicas e seu bom senso, e pronta para decorar sua própria casa.

Em julho de 1970, pouco antes de sair da Editora Abril, Georgia foi selecionada como uma das vozes da decoração brasileira, na reportagem "Conheça a opinião destes sete decoradores", em *Casa Claudia* [Fig. 90]. Além dela, foram ouvidos Terry Della Stuffa (decorador independente), Alceu (da equipe de decoração das lojas Sears), Norma (da equipe de decoração da Henri Matarasso), Jean-Claude Bailly (decorador da Jansen), Joaquim Tenreiro e Sergio Rodrigues.

Em seu depoimento, Georgia reforçou algumas das ideias que expusera no "Cursinho de decoração" em relação a moda e gosto pessoal, além de se contrapor à segmentação dos espaços domésticos, em acordo com os ambientes integrados que vinha propondo nas lojas, propagandas e editoriais:

O importante na decoração é que as paredes deixem de funcionar como simples divisões de ambiente. Elas devem participar da decoração, formando saliências e reentrâncias, transformando-se em móveis, tornando-se recantos, fazendo parte da mobília. O que não é fácil: na maioria das vezes, as casas e os apartamentos são entregues com as paredes formando um monte de "caixinhas". Numa caixinha dormimos, numa caixa maior recebemos os amigos, em uma outra cozinhamos.[27]

Reafirmava então a importância de cada leitora confiar em seu próprio gosto para ocupar a casa, pensar essa ocupação junto à construção do imóvel e não se prender a estilos. Enfim, retomava a diferenciação que fazia entre decoração e planejamento (que ela levaria mais tarde à conceituação da Home Store):

---

27   "Conheça a opinião destes sete decoradores". *Casa Claudia*, São Paulo, p. 26, jul. 1971.

Para ajudar você a decorar sua casa

CONHEÇA A OPINIÃO DÊSTES 7 DECORADORES

REPORTAGENS DE EDITH ELEK MACHADO E OLGA KRELL

Georgia Hauner é decoradora das lojas Mobilínea. Além disso, é um nome muito conhecido das leitoras de Claudia: é ela a responsável pelas belíssimas montagens fotográficas, cheias de boas idéias, de Claudia Decoração.

GEORGIA HAUNER: NA DECORAÇÃO DE SUA CASA QUEM MANDA É VOCÊ

"O importante na decoração é que as paredes deixem de funcionar como simples divisões de ambiente. Elas devem participar da decoração, formando saliências e reentrâncias, transformando-se em móveis, tornando-se recantos, fazendo parte da mobília. O que não é fácil: na maioria das vêzes, as casas e os apartamentos são entregues com as paredes formando um monte de 'caixinhas'. Numa caixinha dormimos, numa caixa maior recebemos os amigos, em uma outra cozinhamos.

"Quase todos os prédios de apartamentos são assim, maravilhosos por fora e sem nenhum aconchêgo por dentro. E é muito mais econômico planejar um apartamento em função do ser humano, do que gastar o dinheiro que se gasta nas fachadas imponentes dos edifícios.

"Meu trabalho é êsse. Criar ambientes gostosos onde as pessoas possam se encontrar a si mesmas. Onde procuro dar um entrosamento entre a mobília e a construção. É um trabalho que eu não considero 'decoração'. Acho que o têrmo 'planejamento' é mais próprio.

"Decoração é um estado de espírito, uma questão de humor. Arranjar flôres num vaso, pôr uma toalha de mesa com guardanapos contrastantes, levar para casa um galho sêco encontrado no campo, fazer uma almofadinha de crochê, tudo isso é decoração. E isso é uma coisa muito pessoal que tôda pessoa deve fazer para si mesma. Quando êsses objetos são colocados por um profissional, ficam muito falsos, muito formais. Para mim, o mais importante numa casa é que a gente possa reconhecer, pela decoração, quem mora nela. Eu respeito até mesmo uma decoração feia e de mau gôsto, desde que ela transmita o calor e a personalidade de quem mora na casa. Não importa o luxo nem o estilo, o que vale é o amor que se sente pelas coisas."

OS MÓVEIS NASCEM JUNTO COM A CASA

"Se você, por acaso, estiver construindo uma casa, procure ir planejando os móveis juntamente com a colocação das paredes. Uma parede deve ser mais do que uma simples divisão. Ela pode ser até um móvel. E os móveis também podem ser feitos de alvenaria, formando recantos agradáveis. Um êrro muito comum é deixar a casa ficar pronta e só depois sair à procura dos móveis.

"Outro cuidado que se deve tomar é com o planejamento das côres. Geralmente as pessoas, quer queiram, quer não, estão influenciadas pelas côres da moda. E a moda passa, deixando os móveis estofados com côres que já não satisfazem mais. Eu recomendo, então, que se usem sempre côres neutras, claras. Bege, por exemplo. Por cima, então, almofadas coloridas nas côres da moda, objetos modernos, que são mais fáceis de ser substituídos. O importante é que haja uma harmonia de côr que domine o ambiente, que dê o 'tema' do lugar.

"Antes de começar a decorar sua casa, é bom fechar os olhos e ficar imaginando como você gostaria de ficar em casa. Por exemplo: vá pensando onde você gostaria de ficar sentada, em que tipo de cadeira, olhando para qual lugar, com uma mesinha ali perto para botar um cinzeiro, e assim por diante.

"Eu nunca recomendo o uso de móveis antigos para formar uma casa estilo isso ou estilo aquilo. Acho que estilo é como moda. Eu nunca encomendaria uma roupa no estilo de condêssa da era colonial para vestir numa reunião. Num carnaval, talvez. Agora, é claro que eu usaria uma jóia antiga num vestido moderno. O que interessa é usar as coisas que a gente goste mesmo, sem ver a opinião dos outros."

Fig. 90: Georgia Hauner fotografada na loja do Shopping Iguatemi. "Conheça a opinião destes sete decoradores". *Casa de Claudia*, São Paulo, pp. 26-32, jul. 1971. Acervo Abril Comunicações S. A.

Meu trabalho é esse. Criar ambientes gostosos onde as pessoas possam encontrar a si mesmas. Onde procuro dar um entrosamento entre a mobília e a construção. É um trabalho que não considero "decoração". Acho que o termo "planejamento" é mais próprio. Decoração é um estado de espírito, uma questão de humor. Arranjar flores num vaso, pôr uma toalha de mesa com guardanapos contrastantes, levar para casa um galho seco encontrado no campo, fazer uma almofadinha de crochê, tudo isso é decoração. E isso é uma coisa muito pessoal que toda pessoa deve fazer para si mesma.[28]

Ao mesmo tempo que buscava capacitar as leitoras, Georgia também se diferenciava delas, colocando-se como uma profissional qualificada. Em janeiro de 1971, ela levou seu posicionamento ao campo da construção civil, em uma entrevista na revista *Projeto & Construção*, na qual afirmou:

Pouca gente sabe que uma habitação bem resolvida não é resultado da construção que, depois de pronta, é "decorada". A PALAVRA PLANEJAMENTO APARECE RARAMENTE EM RELAÇÃO A INTERIORES. Planejamento deveria ser uma fusão de arquitetura de interiores e colocação de mobiliário. [...] Planejamento é lógica aplicada às atividades cotidianas do ser humano. Dedicamo-nos com entusiasmo à busca de soluções para preservar a dignidade individual em espaços sempre mais reduzidos e sentimos a necessidade imperiosa de uma reviravolta na arquitetura. É PRECISO CONSTRUIR DE DENTRO PARA FORA. [...] OS INTERIORES DO MUNDO INTEIRO ESTÃO SE MODIFICANDO, HÁ MAIS ALVENARIA e menos móveis avulsos, em casas e apartamentos de qualquer tamanho. Para planejar este tipo de ambiente, é necessário selecionar os móveis avulsos com muito mais cuidado e, sem dúvida, incorporá-los à planta. Construir de dentro para fora é incluir os móveis desde os primeiros esboços das plantas de execução da obra.[29]

Nessa ocasião, muitas das questões que vimos como posturas da empresa frente à domesticidade se evidenciavam, ficando clara a

---

28   *Ibidem.*

29   "Arquitetura de interiores no Brasil". *Projeto & Construção*, São Paulo, p. 41, jan. 1971.

design editado | 227

diferenciação que Georgia Hauner fazia entre planejamento e decoração e os graus de responsabilidade que conferia a cada um nesse processo. Nos textos de circulação interna sobre a conceituação da Home Store, em que não precisava medir suas palavras, ela chegou a declarar sobre "projetos de decoração" que "este tipo de violação da intimidade do lar é um esporte praticado por milhares de incompetentes sem escrúpulos, e se tornou uma verdadeira praga com o passar dos anos".[30] Já fornecer uma assessoria no planejamento do lar era uma função necessária e aceitável, para a qual as funcionárias da Mobilinea, como ela, estariam qualificadas a realizar.

Em geral, as leitoras das revistas e clientes da Mobilinea eram descritas por Georgia como mulheres, donas-de-casa, e também como consumidoras de arquitetura e design. Em seus textos e imagens, ela apontava para uma estetização do viver doméstico e para um domínio dessas mulheres diante das possibilidades de ocupação do lar. De fato, a maior parte dos periódicos que divulgaram a empresa eram voltados ao público feminino, e relatos das vendedoras da Mobilinea indicam que eram elas que iam às lojas escolher os móveis para a casa da família. Assim, o papel que esse grupo desempenhou naquele momento – definindo como seriam os ambientes domésticos por meio da escolha do mobiliário, do planejamento em conjunto com diferentes profissionais, da busca de referências em periódicos e da produção de complementos decorativos – não pode ser menosprezado.

Seguindo o raciocínio de Georgia Hauner, a decoração feita pelas próprias moradoras, que supomos serem de classes média e média alta, deixava de ter um caráter pejorativo ou artificial e tornava-se uma ferramenta para a modernização e individualização de suas casas. Em cidades cada vez mais impessoais, com habitações massificadas, nas quais o próprio mobiliário oferecido pela Mobilinea também era padronizado – ainda que configurável em arranjos diversos –, seriam esses complementos que deixariam a nova domesticidade ao mesmo tempo mais palatável e única. Ambientes promovidos pela Mobilinea

---

30   Georgia Hauner, *Sugestões para o novo centro comercial na 9 de Julho*, 7 ago. 1972. Texto não publicado.

traziam ideias que podiam ser copiadas pelas leitoras, e em muitas páginas produzidas para a Abril, Georgia ensinou como fazer objetos decorativos e funcionais, trazendo novo repertório a uma prática tradicional das revistas e mesmo das leitoras.

Na reportagem "Acredite: você pode fazer tudo isso sozinha", da mesma *Claudia Decoração* de agosto de 1968, que trazia o "cursinho de decoração", Georgia apresentou uma série de objetos decorativos que havia produzido recentemente para a Mobilinea e especialmente para a ocasião, explicando como fazê-los. Eram eles: "uma colagem de flores e folhas secas", "uma borboleta 'pintada' com a máquina de costura", "uma tapeçaria", "uma colcha de retalhos", "uma divisão de crochê", "um tapete finlandês", "uma almofadinha tricotada", "uma figura bordada (e deitada) em três almofadas"[31] e "uma cortina de contas de madeira e canudinhos de palha"[32] [Fig. 91].

As imagens apresentavam uma versão dos resultados, mas as instruções não impunham limitações como cores, acabamentos ou o arranjo de cada peça, o que era incomum naquele tipo de seção. Na colagem de flores, por exemplo, o texto dizia: "para o fundo, use um pedaço de compensado forrado com um tecido que lhe agrade. Se a madeira for muito bonita, deixe-a à vista. Você também pode cobrir o fundo com um papel colorido".[33] No caso da divisória em crochê, "se você sabe fazer crochê, poderá facilmente copiar o ponto que está na foto. Poderá também fazê-lo parecido, ou ainda mais bonito que o nosso".[34] Já no tapete, "por favor, faça o seu desenho você mesma. Nada de copiar dos outros: para fazer um desenho simples como este, não precisa ser nenhuma grande artista",[35] e assim por diante. Apenas para a figura bordada em três almofadas

---

31 Para a produção dessa almofada, Georgia atestou ter contado com a ajuda de sua mãe, que também produzia outras peças de artesanato para as lojas e havia ajudado na fabricação das luminárias desenvolvidas por Georgia, no início dos anos 1960.

32 "Acredite: você pode fazer tudo isso sozinha". *Claudia Decoração*, São Paulo, pp. 70-71, ago. 1968.

33 *Ibid.*, p. 70.

34 *Ibid.*, p. 71.

35 *Ibidem.*

design editado | 229

foi disponibilizado um molde ao final da revista, mas sem especificação de cores e sugerindo que se "faça qualquer ponto de bordado que você goste. O importante é que você sinta prazer no trabalho e se divirta com o resultado".[36] Os conhecimentos específicos exigidos para a produção de cada peça variavam entre nenhum, costura à máquina, crochê e tricô.

Ao mesmo tempo que se supunha que as leitoras a quem Georgia se dirigia teriam tempo e habilidade para realizar esses e outros projetos artesanais e decorativos, havia um reconhecimento de que novos cotidianos e dinâmicas domésticas não suportavam mais uma mulher que vivesse em função de uma casa de difícil manutenção. Era também nesse sentido que Mobilinea propunha móveis com estofados com capas removíveis de tecidos sintéticos e laváveis, assim como móveis com acabamentos simples.

Essa praticidade nas peças e em seu arranjo também parece vir de uma compreensão sobre as novas tipologias dos apartamentos que surgiam: Georgia repetidamente apresentou soluções para o pequeno – ou "míni" – apartamento enquanto editora de decoração de *Claudia*, raramente usando móveis de empresas de design e preferindo criar peças com materiais baratos ou técnicas caseiras. Essa preocupação se aproximou mais diretamente da Mobilinea na Home Store, com a "Casa da Vera", que visava mostrar aos clientes como resolver um espaço mínimo com poucos gastos, e cuja simplicidade era justificada em relação às demais peças oferecidas como uma solução inicial e provisória, ainda que de funcionalidade e bom gosto equivalentes.

Essa casa moderna nas imagens produzidas por Georgia se delineava no equilíbrio entre peças estandardizadas e detalhes pessoais, planejada de forma racional de acordo com o modo de vida e o espaço disponível, muitas vezes indicando um ocupante pela presença de pequenos objetos pessoais, e se completava quando

---

36   *Ibidem.*

Fig. 91: Tutorial para fazer diversos objetos decorativos. "Acredite: você pode fazer tudo isso sozinha". *Claudia Decoração*, São Paulo, pp. 70-71, ago. 1968. Acervo Abril Comunicações S. A.

modelos estavam efetivamente nos ambientes, portando-se modernamente.[37] A primeira propaganda da Mobilinea com a presença de figuras humanas foi em "Uma estante num instante", de janeiro de 1966 [Fig. 20], na qual um casal era visto montando uma estante juntos, desde a fixação dos elementos até o posterior arranjo dos objetos decorativos. Depois disso, essas presenças foram se tornando mais frequentes, retratando quase exclusivamente mulheres.

---

37 Para uma análise mais aprofundada sobre o papel da mulher nos ambientes domésticos propostos nos periódicos brasileiros durante esse período, cf. SANTOS (2010).

design editado | 231

Em março de 1968, *Casa & Jardim* propôs para Mobilinea, Celina Decorações e Arredamento que desenvolvessem um quarto de "menina-moça" para um editorial com esse tema.[38] O quarto Mobilinea foi construído em um cenário montado na fábrica da empresa, despido de referências femininas óbvias como cor-de--rosa, bonecas ou objetos delicados, e mobiliado com cama, cômoda, luminária, dois bancos ripados e um conjunto de penteadeira e poltrona Thonet. Os bancos e a luminária foram laqueados em verde e os demais móveis em branco, as paredes e o piso também eram brancos, a colcha e os estofados eram de veludo verde e azul, e o quarto foi decorado com flores de papel nesses três tons, posicionadas ao longo das paredes e às margens do enquadramento da foto. Há ainda discos de vinil sobre os bancos, no chão e na cama, onde uma garota de minissaia está deitada ouvindo música [Fig. 92].

O texto parece ter sido escrito pela redação de *Casa & Jardim*, pois há alguma unidade nas descrições dos ambientes das três empresas, talvez tendo se baseado em memoriais enviados por cada uma delas. O quarto da Mobilinea era o único que retratava uma ocupante, e seu texto enfatizava a versatilidade dos móveis e o estilo de vida da adolescente que o habitaria, uma garota independente com gostos atuais e que recebia amigos em seu quarto:[39]

---

38   Nessa reportagem, Celina apresentou um quarto com uma bicama e móveis modulares em jacarandá e palhinha, "tipo moderno, mas sem exageros"; e Arredamento também fez um quarto com móveis modulares em madeira aparente, com estofados vermelhos e azuis, e pôsteres psicodélicos nas paredes.

39   Essa cena reapareceu transformada em propaganda na revista *Claudia* em maio do mesmo ano, e mais uma vez em setembro, o que leva a crer que a imagem teve uma repercussão positiva não apenas na Mobilinea, mas também por parte do público.

SUGESTÃO EM BRANCOS, AZUIS E VERDES PARA O QUARTO DA MENINA-MOÇA. (Afinal ela já sabe, no nosso século, que a vida não é cor-de-rosa, mas de todas as cores, para todas as personalidades.) A regra hoje é equilibrar o que é prático com aqueles elementos que dizem mais de perto com a personalidade da jovem que irá viver no ambiente. Poucos móveis, apenas os necessários. Pureza de linhas que se destacam como um desenho. A solução do móvel branco, tão Mobilinea e tão jovem, permite uma enorme variação nos elementos decorativos e na composição de cores. O estrado ganhou enorme importância, pois que o quarto da nossa jovem é a sala de visitas permanente para reuniões e bate-papos, além de ser o ambiente de lazer onde ela reencontra todo o equilíbrio de volta da vida agitada que ficou lá fora.[40]

Evidenciava-se novamente que os móveis deveriam ser uma base sobre a qual seriam colocados os elementos que "conversam mais de perto" com a personalidade da ocupante, com o branco sendo associado igualmente à Mobilinea e à juventude, e o ambiente como um espaço para distanciar-se da vida urbana e aproximar-se dos amigos. A maneira como a menina está esparramada na cama era parte importante da idealização dessa personagem, e diversas outras imagens da empresa contavam com mulheres repetindo esse tipo de postura, entre as quais vale recuperar a foto de catálogo em que garotas quase desmontavam as peças da Mobilinea, ao se sentar, deitar e caminhar sobre elas [Fig. 26], tendo Silvia Duschenes em primeiro plano.

Filha do casal Herbert e Maria Duschenes,[41] que haviam sido padrinhos de casamento dos Hauner, Silvia era bonita e tinha feições marcantes, além de, na proximidade dos circuitos sociais, ser alguém a quem Georgia tinha acesso. Ela certamente foi a modelo que mais participou de editoriais feitos por Georgia para a Mobilinea e em *Claudia*, sempre nas imagens produzidas com móveis da empresa. Foi também Silvia quem apareceu como a "cara" da Mobilinea no lançamento da poltrona que participou da Bienal de Design de 1968,

---

40 "O quarto da menina-moça". *Casa & Jardim*, Rio de Janeiro, mar. 1968.

41 Herbert Duschenes era arquiteto e sua esposa, Maria, bailarina.

Fig. 92: Ambiente Mobilinea para quarto de adolescente. "O quarto da menina-moça". *Casa & Jardim*, Rio de Janeiro, pp. 52-53, mar. 1968. Acervo Editora Globo S. A./Agência O Globo.

sentada com braços e pernas cruzadas e entreabertas, encarando a câmera com uma expressão enigmática [Fig. 16].

No primeiro editorial da empresa para "C. J. Visita" em 1970, várias imagens contavam com mulheres nas fotos, usando roupas leves e em poses que denotavam liberdade e descontração, com os pés para o alto ou escorregando dos assentos [Fig. 24-25]. Dessa produção, surgiu também uma propaganda realizada no ambiente de jantar, publicada pela primeira vez na mesma *Casa & Jardim* de julho de 1970, que apresentava uma imagem análoga à do editorial e fazia referência a tendências da estética espacial como do filme 2001: Uma odisseia no espaço, ou quem sabe à personagem de Jane Fonda em Barbarella, ambos de 1968. Tratava-se de uma foto em grande-angular de uma sala de jantar com móveis em aço e poliéster, materiais frios que se tornavam convidativos pela presença de plantas, uma divisória de feltro e uma modelo toda vestida de branco sentada de maneira deslocada sobre a cadeira, descalça e encarando a câmera [Fig. 93].

Toda a encenação sugeria um estilo de vida descontraído, mas com refinamento estético, e o texto que acompanhava a imagem posicionava explicitamente quem seria a mulher moderna que consumiria os produtos da Mobilinea:

> *Você que acredita que a Terra é redonda, que a casinha no fundo do quintal não é a última palavra em higiene, que eletricidade não é bruxaria, que a máquina voadora é uma realidade, você que deixou de usar espartilho e ceroulas, que não acha imoral mulher sair sozinha na rua, que não faz questão de usar chapéu, que sabe que a dignidade do móvel não está na pata do leão, que maillot sem saiote não é indecente, que arte não precisa ser acadêmica, que o phonographo está superado, que Cadillac "rabo de peixe" não representa o máximo em elegância, que decoração não se faz com aparador "pé de palito", que abandonou o sapato pontudo de saltinho fino, entre na década de 70 com móveis de aço cromado e poliester da MOBILINEA.*[42]

Mesclando constatações óbvias como a terra ser redonda a um posicionamento sobre o papel da mulher ("[você] que não acha imoral mulher sair sozinha na rua") e design ("que decoração não se faz com aparador 'pé de palito'"), esse texto condensava um conjunto de valores sobre o que havia de mais contemporâneo, por uma lente ao mesmo tempo cômica e incisiva, afirmando que Mobilinea seria sua síntese. Para Marinês Ribeiro dos Santos (2010, p. 222), o "você" utilizado nessa mensagem oscila entre a imagem da moça e a pessoa que lê, de maneira que "o discurso evoca a cumplicidade

---

42 Propaganda Mobilinea. "Entre na década de 70". *Casa & Jardim*, Rio de Janeiro, jul. 1970.

Fig. 93: Propaganda Mobilinea. "Entre na década de 70". *Casa & Jardim*, Rio de Janeiro, jul. 1970. Acervo Editora Globo S. A./Agência O Globo.

do público com a posição de sujeito construída para as mulheres no anúncio, a saber, ousada, livre e informal". Embora o texto tenha sido escrito por Georgia, pode-se questionar se ele fala de um ponto de vista masculino ou feminino e a qual gênero se dirige, podendo funcionar como um discurso ao qual mulheres se identificariam e se equipariam, como a homens que estivessem investidos nessa visão de mundo e se atrairiam pela mulher retratada. Nos dois casos, incluía-se nessas qualidades um elemento de sedução.

Em duas outras ocasiões, editoriais da Mobilinea que contavam com figuras femininas correram o risco de ser barradas pela censura. A primeira vez foi com o ambiente de quarto de casal em "C. J. Visita" que, embora não retratasse pessoas, apresentava uma colcha bordada com o desenho de um casal nu, tranquilamente adormecido [Fig. 94]. Feita a partir de um desenho que "compilava" partes dos corpos de várias pessoas de sua família, Georgia havia bordado a imagem em linha preta sobre uma colcha de piquê branca. Com seu sucesso, reproduções passaram a ser fabricadas em serigrafia, tanto em modelos para cama de casal como de solteiro, e vendidas na Mobilinea. O que pode haver de ousado em relação a essa colcha, mais do que o desenho em si, é a ideia de uma representação de nudez no espaço doméstico e em um dos móveis mais íntimos da casa, a cama, dando a ela uma conotação mais abertamente sexual. O quarto em si é mobiliado a partir das premissas de ocupação do espaço habituais da Mobilinea, e se torna singelo especialmente por uma divisória feita com canudos e iluminada por trás.

A segunda vez em que Georgia relatou preocupações dos editores com uma possível censura foi quando a Mobilinea decidiu publicar uma das fotos produzidas para a exposição "Mobiliário brasileiro: premissas e realidade", de 1971, no Masp [Figs. 11; 95]. A frieza do aço e do fiberglass era mais uma vez contraposta à suavidade do corpo humano com uma modelo nua sentada em uma cadeira, vista de costas, que trazia elementos simultaneamente sedutores e francos.

Fig. 94: Quarto de casal Mobilinea (foto tirada na loja do Shopping Iguatemi). "C. J. Visita". *Casa & Jardim*, Rio de Janeiro, pp. 48-49, jul. 1970. Acervo Editora Globo S. A./Agência O Globo.

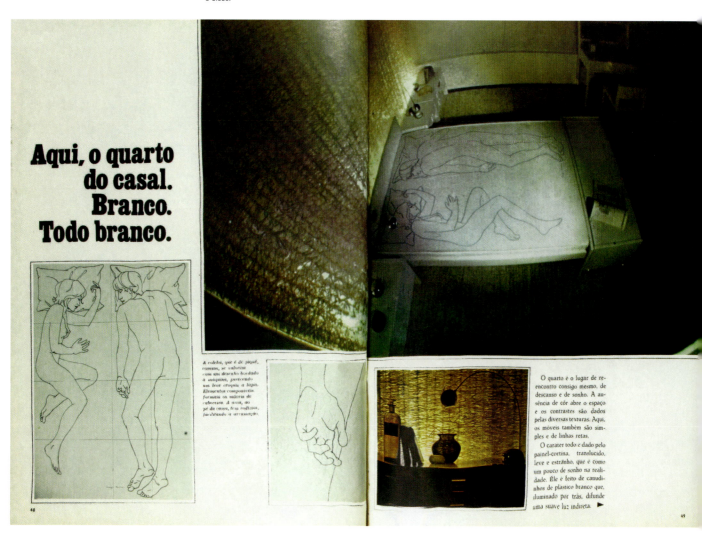

As funcionárias da Mobilinea, como vimos, também se deixaram retratar [Fig. 74] e transmitiam as mesmas ideias de modernidade que as modelos através de seus trajes e comportamentos – tanto nas propagandas como, supomos, no atendimento a clientes.

O trabalho feminino foi extremamente importante na Mobilinea, especialmente nas lojas, onde elas se responsabilizavam pelo planejamento das casas dos clientes e pela produção de cenários e objetos decorativos. Através das entrevistas, foi possível identificar dois tipos de funcionárias: as que fizeram carreira, dentro ou fora da empresa, e as que trabalharam lá apenas até se casarem e depois tornaram-se donas-de-casa, como parece ter sido o caso da maioria. A própria Georgia Hauner tinha assumido inicialmente um papel mais tradicional como mãe e esposa, e foi aos poucos voltando ao mercado de trabalho a partir das luminárias e desenvolvendo seu trabalho até conquistar independência total em *Claudia*. Ada Hauner também havia se afastado do trabalho quando os filhos eram pequenos, mas entrou na Mobilinea após se separar do marido e permaneceu lá mesmo depois da saída do irmão. Yone Koseki Pierre, única entre os funcionários localizados com formação em arquitetura, começou como atendente nas lojas, mas posteriormente migrou para a fábrica para trabalhar ao lado de Ernesto; lá também estavam Jazel, na contabilidade, e Irene, na tapeçaria.[43]

O que se pode entender como a "mulher" Mobilinea é então a somatória de todas estas figuras – Georgia Hauner, as vendedoras e funcionárias da empresa, as modelos posando nas fotos e as leitoras de revista e clientes Mobilinea. Elas representavam diversas facetas de um tipo de mulher que se estabelecia socialmente naquele período, e que se propunha a consumir um produto feito em escala industrial e se identificava com uma vida urbana e de trabalho. As roupas curtas e leves, a desenvoltura nas poses e atitudes buscavam comprovar sua emancipação de um papel subalterno anteriormente ocupado; e a abertura para aceitar essa estética e funcionalidade modernas unidas a objetos artesanais e decorativos vinham igualmente de um desejo de acrescentar algo pessoal nessa domesticidade de outra maneira bastante nova, mas também de uma leveza em não assumir bandeiras tão rígidas diante dos estilos de vida e formas de morar, que vinham de discussões da vanguarda da produção arquitetônica e de design no período.

---

43   Os demais funcionários de administração e da fábrica, até onde se tem notícia, eram homens. Já na equipe de vendas, Wilson Chica era o único nome masculino entre os vendedores das lojas.

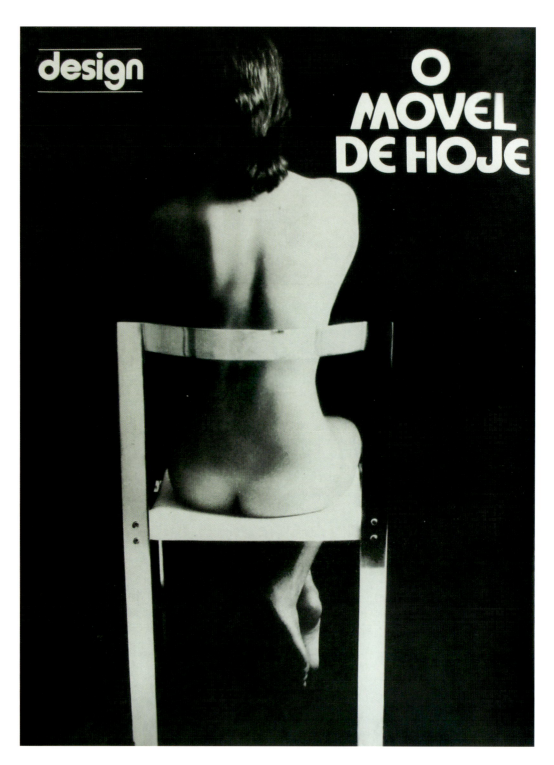

Fig. 95: Cadeira em aço e poliéster com modelo nua, foto produzida por Georgia Hauner. "O móvel de hoje". *Casa & Jardim*, Rio de Janeiro, p. 20, maio 1971. Acervo Editora Globo S. A./Agência O Globo.

CONSIDERAÇÕES FINAIS

A vitalidade da produção de móveis no Brasil nas décadas de 1960 e 1970 é inegável, tendo havido iniciativas que conseguiram unir seu raciocínio construtivo a suas formas de fabricação, venda e promoção, isto é, foram capazes de levar a cabo um projeto de móvel moderno com impactos socioculturais relevantes, constituindo um verdadeiro fenômeno cultural.

O circuito profissional do período enlaçava tanto os escritórios de projeto, suas fábricas e lojas, como o meio artístico de vanguarda e o público mais amplo, equilibrando-se entre a busca por reconhecimento no circuito institucional, por meio de prêmios e exposições, e o universo corporativo e da cultura de massas, representada pela imprensa, as propagandas e as feiras.

O móvel da Mobilinea partia de uma preocupação inicial em otimizar matérias-primas e processos de fabricação, o que em muitos sentidos moldou sua estética. Em relação aos acabamentos, o uso de cor permitiu criar um diferencial no mercado, além da possibilidade de personalização de componentes padronizados, o que ia muito ao encontro do modo como os móveis eram promovidos. Havia móveis que organizavam ou definiam espaços, entre os quais as estantes modulares são o maior exemplo; e os que ocupavam efetivamente o recinto, como mesas, cadeiras, bancos e outros. Os móveis em aço e fiberglass se encaixavam nessa segunda categoria, e parecem ter tido uma vocação de destaque no ambiente, complementados por móveis mais básicos sobre os quais se imprimiria a personalidade do usuário por meio de elementos decorativos e pessoais, não raro elaborados artesanalmente. Essas peças eram dispostas em espaços que simulavam ambientes domésticos integrados, organizados por desníveis ou acabamentos de piso diferentes, geralmente com aplicação de texturas como tijolos e cortiça nas paredes, tendo em vista também serem aproveitados na produção de fotografias publicitárias. Para esses fins, houve um trabalho frequente de mistura de materiais naturais e sintéticos, emprego de cores neutras nas peças permanentes com outras fortes, lisas ou em estampas, nos revestimentos e complementos decorativos, que eram muitas vezes objetos efêmeros, lúdicos ou *nonsense*, frequentemente com algum significado cultural, e ainda uso de flores, frutas, animais e folhagens.

Assim, a Mobilinea visava não somente vender seus produtos, mas contribuir para a modelagem de um público, compondo aquilo que Georgia Hauner descreveu como "cartões postais"[1] de um estilo de vida que se desejaria consumir. Esses ambientes encenados se propunham como espaços contemporâneos e descontraídos, supostamente capazes de responder aos anseios de uma classe média urbana em formação por meio do modo como definiam e vivenciavam suas residências, cuja arquitetura em grande medida também era diversa daquela com que haviam convivido até então. Os consumidores desses móveis, moradores desses lares reais e imaginados pela empresa, deveriam então refletir a informalidade dos ambientes propostos, repousando nos móveis ou no chão, recebendo também de modo casual amigos e visitantes, ou simplesmente desfrutando da casa como um espaço de lazer. Podiam ser uma família nos moldes tradicionais, mas também se organizarem em outras configurações, tendo em vista a multifuncionalidade dos móveis e as possibilidades de decoração que ofereciam.

Como vimos, nesses ambientes as mulheres deixavam de ser elas mesmas objetos decorativos para se tornarem personagens ativos, que não só usufruíam da casa, interagindo com seus novos atributos, como eram em grande medida seu canal de modernização.

---

1   Georgia Hauner, *Sugestões para o novo centro comercial na 9 de Julho*, p. 3, 7 ago. 1972. Texto não publicado.

Manifestando claramente um novo perfil feminino que transparecia independência, individualidade e autoconfiança, as mulheres retratadas nas campanhas da empresa diziam respeito a essas ambições de colocação social de suas consumidoras. Por essas características parece ter havido um interesse em remeter-se, em especial, às consumidoras femininas para promover os produtos da Mobilinea.

Havia dentro da própria empresa uma clara divisão de gênero que, com suas nuances e exceções, criou uma situação em que projeto e fabricação eram predominantemente masculinos, enquanto venda e consumo eram femininos. Quem dava o tom de como cada uma dessas instâncias se caracterizava e complementava, sem dúvida, eram Ernesto e Georgia Hauner, cuja parceria igualmente se dividia entre dois polos: ele o da racionalidade, economia e padronização; ela o da espontaneidade, charme e individualidade. De fato, o estilo de vida proposto pela Mobilinea só funciona na somatória desses pontos de vista, e que parece ter acontecido de forma natural, até despretensiosa. Para Georgia,

A Mobilinea não foi a conceituação de um projeto, mas sim a expressão lógica de uma habilidade aprendida, de uma experiência, de uma filosofia de vida. O diálogo subentendido com o público sempre foi: acredito que o que é bom para mim, provavelmente é bom para você também.[2]

Pode ter sido essa perspectiva que efetivamente diferenciou a Mobilinea de seus concorrentes e explicaria a sua longevidade em relação a tantos deles, e também o motivo pelo qual ela mudou tão drasticamente com a saída do casal. Mais do que isso, se o projeto proposto pela Mobilinea se dava na somatória dos papéis exercidos por Ernesto e Georgia Hauner, sua parceria fala também sobre uma divisão sexual do trabalho, bem como de uma ocupação em permanente crise: a decoração. Na arquitetura, assim

---

2 Georgia Hauner, *Segunda parte de respostas*, 2012. Texto não publicado.

como no paisagismo, a decoração era muitas vezes tratada como algo secundário, de frágil profissionalização, que caberia a diletantes. Mesmo em seu discurso, Georgia buscou desvincular-se desse papel, propondo uma diferenciação entre *decoração* e *planejamento de interiores*, este último representando a superação do trabalho de dona de casa, passando por uma vocação artesanal e, finalmente, pelo estabelecimento do setor no universo das profissões liberais. Enquanto tal, o planejamento de interiores ocuparia uma posição intermediária entre a mobília e a construção, isto é, entre o design de móveis e a execução de projetos arquitetônicos, expressando um tensionamento desses campos que realmente se dava não apenas nas propostas da Mobilinea, mas foi visto nos periódicos examinados como um movimento geral no design de interiores. Ao mesmo tempo, se flexibilizavam algumas doutrinas da arquitetura e do design do entreguerras que não favoreciam o tipo de ambiência criada na Mobilinea, passando a dar espaço para esse tipo de concepção.

A realização de um estudo de design à luz de sua relação com a promoção comercial permite esse tipo de observação e revela circunstâncias de criação, propagação e estabelecimento de diferentes tendências. Foi marcante o comprometimento de alguns veículos, em especial *Casa & Jardim* e *Claudia*, em apoiar a indústria nacional de design, ao se proporem como guias aos leitores para ensinar as formas de usar esses móveis e compor ambientes modernos, investindo em uma espécie de curadoria das empresas que julgavam ter boas propostas, cedendo seu espaço editorial a elas. O diálogo da Mobilinea com seus/suas consumidores/as só era possível, em grande medida, por meio desses canais, quando um ambiente de loja ou estúdio deixava de ter um limite físico e geográfico pontual e se projetava enquanto uma referência amplamente difundida e acessível.

Recuperar a história da Mobilinea coloca a empresa em seu devido protagonismo no cenário do design em determinado período da história do Brasil. Mais do que isso, torna visível os reflexos e impactos das propostas na produção de design e editorial de Ernesto e Georgia Hauner não só à época, mas desde então. Reconhecer essa trajetória implica ainda na necessidade de uma revisão de como as outras empresas, que atuavam naquele momento, devem ser percebidas justamente em função do reestabelecimento dos diálogos entre elas e a Mobilinea. Finalmente, as ideias aqui apresentadas, outrora esquecidas, podem agora encontrar nova continuidade, adequando-se à realidade presente.

BIBLIOGRAFIA

ACAYABA, Marlene M. *Branco & Preto. Uma história do design brasileiro nos anos 50.* São Paulo: Instituto Lina Bo e P.M. Bardi, 1994.

ALBERTI, Verena. *História oral: a experiência do CPDOC.* Rio de Janeiro: CPDOC, 1989.

APPA, Renira C. *Transgredir, jamais! Interação e cortesia linguísticas nos manuais de etiquet*a. Tese de doutorado. São Paulo: FFLCH-USP, 2012.

ARGAN, Giulio C. *História da arte como história da cidade.* São Paulo: Martins Fontes, 2005.

ARRUDA, Maria Arminda N. Metrópole e Cultura: São Paulo no meio do século XX. Bauru: Edusc, 2001.

_____. "Empreendedores culturais imigrantes em São Paulo". *Em Tempo Social, revista de sociologia da USP*, v. 17, n. 1, 2005.

ATIQUE, Fernando. *Memória de um projeto moderno: a idealização e a trajetória do Edifício Esther.* Dissertação de mestrado. São Carlos: Escola de Engenharia de São Carlos-USP, 2002.

BALLENT, Anahi. "Tres veces Claudia: renovación de la prensa, las imágenes de la mujer y el habitar doméstico (1957-1975)". *Primera reunión de trabajo. Los 60' de otra manera: vida cotidiana, género y sexualidades en la Argentina*, Buenos Aires, 2008.

_____. *Apartment buildings for the middle-class: cultural transformation of domestic life and urban densification. Buenos Aires, 1960-1975.* Conferência. IPHS, São Paulo, 2012.

BARDI, Pietro Maria. *Mobiliário Brasileiro: premissas e realidade.* Catálogo. São Paulo: Masp, 1971.

BAYEUX, Glória. *O móvel da casa brasileira.* São Paulo: Museu da Casa Brasileira, 1997.

BIENAL BRASILEIRA DE DESIGN 2010. *Bienal brasileira de design 2010 Curitiba,* vols. 1 e 2, Curitiba, Centro de Design Paraná, 2010.

BORGES, Adélia. *Sergio Rodrigues*. Rio de Janeiro: Viana & Mosley Editora, 2005.

BRAGA, Marcos C. "ABDI: História concisa da primeira associação profissional de design do Brasil". *Em Revista D.: Design, Educação, Sociedade e Sustentabilidade*, v. 1, Porto Alegre: UniRitter, 2007.

_____. *ABDI e APDINS-RJ: história das associações pioneiras de design do Brasil*. São Paulo: Blucher, 2011.

_____; DIAS, Dora S. (orgs.). *Histórias do design no Brasil II*. São Paulo: Annablume, 2014.

BRITO, Ronaldo. *Neoconcretismo: vértice e ruptura do projeto construtivo brasileiro*. São Paulo: Cosac Naify, 1999.

BRUAND, Yves. *Arquitetura contemporânea no Brasil*. São Paulo: Perspectiva, 1981.

BUITONI, Dulcília H. S. *Mulher de papel: a representação da mulher pela imprensa feminina brasileira*. São Paulo: Loyola, 1981.

BUTCHER, Bibita (Maria Beatriz). Entrevista concedida à autora. Carapicuíba, 23 jul. 2014. Gravação digital (92 min.).

CALHEIROS, Alex; MARI, Marcelo; RUFINONI, Priscila Rossinetti (org.). *Mobiliário moderno: das pequenas fábricas ao projeto da UnB*. Brasília: Universidade de Brasília, 2014.

CALS, Soraia (org.). *Tenreiro*. Rio de Janeiro: Bolsa de Arte do Rio de Janeiro, 1998.

_____ (org.). *Sergio Rodrigues*. Rio de Janeiro: S. Cals, 2000.

CARA, Milene S. *Do desenho industrial ao design no Brasil: uma bibliografia crítica para a disciplina*. Dissertação de mestrado. São Paulo: FAU-USP, 2008.

CARVALHO, Vânia C. *Gênero e artefato: o sistema doméstico na perspectiva da cultura material – São Paulo, 1870-1920*. São Paulo: Edusp, 2008.

CAUDURO, João C.; MARTINO, Ludovico. *Marcas cm Trade marks Cauduro Martino Arquitetos Associados*. São Paulo: Imprensa Oficial, 2005.

CHADWICK, Whitney; COURTVIRON, Isabelle. *Significant others: creativity and intimate partnership*. Nova York: Thames and Hudson, 1993.

CLARO, Mauro. *Unilabor: desenho industrial, arte moderna e autogestão operária*. São Paulo: Editora Senac São Paulo, 2004.

_____. *Dissolução da Unilabor: crise e falência de uma autogestão operária – São Paulo, 1963-1967*. Tese de doutorado. São Paulo: FAU-USP, 2012.

COLOMINA, Beatriz. "The split wall: domestic voyeurism". Em COLOMINA, Beatriz (org.). *Sexuality and space*. Princeton: Princeton Architectural Press, 1992.

_____. *Privacy and publicity: modern architecture as mass media*. Cambridge, MA: MIT Press, 1994.

CORATO, Aline C. Sanches. "O Studio de Arte Palma e a fábrica de móveis Pau Brasil: povo, clima, materiais nacionais e o desenho de mobiliário moderno no Brasil". *Revista Risco*, São Carlos, IAU-USP, 2004.

_____. *A obra e a trajetória do arquiteto Giancarlo Palanti: Itália e Brasil*. Dissertação de mestrado. São Carlos: Escola de Engenharia de São Carlos-USP, 2004.

CURTIS, William J. R. *Arquitetura moderna desde 1900*. Porto Alegre: Bookman, 2008.

EISLER, Matias. Entrevista concedida à autora. São Paulo, 5 fev. 2013. Correio eletrônico.

FORTY, Adrian. *Objeto de desejo: design e sociedade desde 1750*. São Paulo: Cosac Naify, 2007.

GALVÃO, Tânia N. *Sergio Rodrigues: arquiteto e desenhista de móvel*. Dissertação de mestrado. São Paulo: FAU-USP, 2001.

GARNER, Philippe. *Sixties design*. Köln: Taschen, 2003.

GORELIK, Adrián. *Das vanguardas a Brasília: cultura urbana e arquitetura na América Latina*. Belo Horizonte: UFMG, 2005.

GUARNIERI, Andrea B. *Bernard Rudofksy: a humane designer*. Nova York: Springer Wien, 2003.

GUERRA, Abílio (org.). *Textos fundamentais sobre história da arquitetura moderna brasileira*, 2 vols. São Paulo: Romano-Guerra, 2010.

HAUNER, Ada. Teleconferência. Cunha, 29 ago. 2012. Gravação digital (58 min.).

HAUNER, Georgia. Entrevista concedida à autora. Vancouver, 11 set. 2012*a*. Gravação digital (45 min.).

_____. Entrevista concedida à autora. Vancouver, 12 set. 2012*b*. Gravação digital (59 min.).

_____. Entrevista concedida à autora. Vancouver, 14 set. 2012*c*. Gravação digital (51 min.).

_____. Entrevista concedida à autora. Vancouver, 16 set. 2012*d*. Gravação digital (126 min.).

HUGERTH, Mina Warchavchik. "O caminho para a UnB: Sergio Rodrigues, Ernesto Hauner e o desenvolvimento do móvel moderno no Brasil". Em CALHEIROS, Alex; MARI, Marcelo; RUFINONI, Priscila Rossinetti (orgs.). *Mobiliário moderno: das pequenas fábricas ao projeto da UnB*. Brasília: Universidade de Brasília, 2014.

IMBRONITO, Maria I. *Três edifícios de habitação para a Formaespaço: modulares, gemini e protótipo*. Dissertação de mestrado. São Paulo: FAU-USP, 2003.

JACKSON, Lesley. *The sixties: decade of design revolution*. Londres: Phaidon Press Limited, 1996.

KATINSKY, Júlio R. "O concretismo e o desenho industrial". Em AMARAL, Aracy (coord.). *Projeto construtivo brasileiro na arte (1950-1962)*. Rio de Janeiro: Museu de Arte Moderna; São Paulo: Pinacoteca do Estado, 1977.

_____. *Desenho industrial.* Em ZANINI, Walter. *História geral da arte no Brasil,* vol. 2. São Paulo: Instituto Moreira Salles, 1983.

KORNBLUH. Jorge. Entrevista concedida à autora. São Paulo, 12 dez. 2013. Gravação digital (40 min.).

KUGELMAS, Eduardo. "Maria do Carmo Campello de Souza (1936-2006)". *Revista de Ciências Sociais,* v. 49, n. 1, 2005.

LEON, Ethel. *Design brasileiro - Brazilian design: quem fez, quem faz — who did, who does.* Rio de Janeiro: Editora Senac Rio/Viana & Mosley, 2005.

_____. (org.). *Michel Arnoult, design e utopia: móvel em série para todos.* São Paulo: Edições Sesc, 2016.

LIRA, José T. C. *Warchavchik: fraturas da vanguarda.* São Paulo: Cosac Naify, 2011a.

_____. "A história e o fazer da arquitetura". Em *Desígnio. Dossiê: História, Historiografias, Historiadores,* n. 11/12, p. 16, mar. 2011b.

_____. "Arquitetos estrangeiros, a arquitetura no estrangeiro e a história". Em LANNA, A. L. D. *et al. São Paulo, os estrangeiros e a construção das cidades.* São Paulo: Alameda, 2011c.

LUTZ, Brian. *Knoll: a modernist universe.* Nova York: Rizolli, 2009.

MACHADO, Paula M. *Casa e Jardim: a revista e a divulgação do ideário moderno na década de 1950.* Dissertação de mestrado. Rio de Janeiro: FAU-UFRJ, 2007.

MAGNANI, Franco; RIVISTA dell'Arredamento (orgs.). *Modern interiors.* Milão: Gorlich Editore S.p.A., 1969.

MAGYARY, Judit. Entrevista concedida à autora. São Paulo, 28 jul. 2014. Gravação digital (151 min.).

MELLO, João Manuel Cardoso; NOVAIS, Fernando. "Capitalismo tardio e sociabilidade moderna". Em SCHWARCZ, Lilia Moritz (org.). *História da vida privada no Brasil: contrastes da intimidade contemporânea,* vol. 4. São Paulo: Companhia das Letras, 1998.

MENEZES, Aureliano. *A situação do móvel no Brasil: do projeto à implantação industrial – depoimentos.* Trabalho de graduação. São Paulo: FAU-USP, 1977.

MEYER, Regina. *Metrópole e urbanismo: São Paulo anos 50.* Tese de doutorado. São Paulo: FAU-USP, 1991.

MILLER, David. *Material culture and mass consumption.* Nova York: Basil Blackwell, 1999.

MIRA, Maria Celeste. *O leitor e a banca de revistas: a segmentação da cultura no século XX.* São Paulo: Olho d'Água/Fapesp, 2001.

NOBRE, Ana Luíza. *Fios cortantes: projeto e produto, arquitetura e design no Rio de Janeiro (1950-70).* Tese de doutorado. Rio de Janeiro: PUC-RJ, 2008.

ORTEGA, Cristina. *Lina Bo Bardi: móveis e interiores (1947-1968) – interlocuções entre moderno e local.* Tese de doutorado. São Paulo: FAU-USP, 2008.

PEDRO, Joana. "Traduzindo o debate: o uso da categoria gênero na pesquisa histórica". Em *História*, São Paulo, v. 24, n. 1, 2005.

PEDROSA, Mario. *Dos murais de Portinari aos espaços de Brasília.* São Paulo: Perspectiva, 1981.

PELUZZI, Giulio; RIVISTA dell'Arredamento (orgs.). *Living the modern way: form and color in modern interiors.* Studio Books: Londres, 1964.

PERECIN, Tatiana. Azaleias e Mandacarus: Mina Klabin Warchavchik, paisagismo e modernismo no Brasil. Dissertação de mestrado. São Carlos: EESC-USP, 2003.

PESSÔA, Yumara S. *Decoração Soteropolitana na Década de 70: cores, formas e representações.* Dissertação de mestrado. Escola de Belas Artes. Salvador: UFBA, 2007.

PIERRE, Yone Koseki. Entrevista concedida à autora. São Paulo, 18 jul. 2014. Gravação digital (73 min.).

PINSKY, Carla B. *Mulheres dos Anos Dourados.* São Paulo: Contexto, 2014.

QUELUZ, Marilda L. P. (org.). *Design & Cultura.* Curitiba: Peregrina, 2005.

_____ (org.). *Design & Identidade.* Curitiba: Peregrina, 2008.

RAIZMAN, David. *History of modern design.* Nova Jersey: Prentice Hall Art, 2003.

REED, Paula. *50 ícones que inspiraram a moda: 1960.* São Paulo: Design Museum/Publifolha, 2013.

_____. *50 ícones que inspiraram a moda: 1970.* São Paulo: Design Museum/Publifolha, 2013.

RODRIGUES, Sérgio. Entrevista concedida à autora. Rio de Janeiro, 13 nov. 2012. Gravação digital (143 min.).

RUBINO, Silvana. "Corpos, cadeiras, colares: Charlotte Perriand e Lina Bo Bardi". Em *Cadernos Pagu*, n. 34, jan./jun. 2010.

SANTI, Maria Angélica. *Mobiliário no Brasil: origens da produção e da industrialização.* São Paulo: Editora Senac São Paulo, 2013.

SANTOS, Anna Maria Affonso dos. *John Graz: o arquiteto de interiores.* Dissertação de mestrado. São Paulo: FAU-USP, 2008.

SANTOS, Demósthenes M. A *história da construtora Alfredo Mathias 1960-1985.* Dissertação de mestrado. São Paulo: FAU-USP, 2013.

SANTOS, Jacqueline R. *Minha amiga Claudia (história, gêneros jornalísticos e produção de uma revista feminina).* Dissertação de mestrado. São Bernardo do Campo: Instituto Metodista de Ensino Superior, 1996.

SANTOS, Maria Cecília Loschiavo dos. *Móvel moderno no Brasil*. São Paulo: Editora Senac São Paulo, 2017.

_____. *Zalszupin: design moderno no Brasil*. São Paulo: Olhares, 2014.

SANTOS, Marinês R. *O design pop no Brasil dos anos 1970: domesticidades e relações de gênero na revista Casa & Jardim*. Tese de doutorado. Florianópolis: UFSC, 2010.

_____. "Domesticidade e identidades de gênero na revista *Casa & Jardim* (anos 1950 e 60)". Em *Cadernos Pagu*, Campinas, n. 36, jun. 2011. Disponível em http://www.scielo.br/scielo.php?script=sci_arttext&pid=S0104-83332011000100010&lng=en&nrm=iso. Acesso em 11-6-2013.

_____; PEDRO, Joana M.; RIAL, Carmen. "Novas práticas corporais no espaço doméstico: a domesticidade pop na revista *Casa & Jardim* durante os anos 1970". Em *Rev. Estud. Fem.*, Florianópolis, v. 20, n. 1, p. 233-257, abr. 2012. Disponível em http://www.scielo.br/scielo.php?script=sci_arttext&pid=S0104-026X2012000100013&lng=pt&nrm=iso. Acesso em 26-6-2013.

SCOTT, Joan. "Gender: a useful category of historical analyses". Em SCOTT, Joan. *Gender and the politics of history*. Nova York: Columbia University Press, 1989.

SEGAWA, Hugo. *Arquiteturas no Brasil: 1900-1990*. São Paulo: Edusp, 1998.

SILVA, Suely F. (org.). *Zanine, sentir e fazer*. Rio de Janeiro: Agir, 1991.

SIMIONI, Ana Paula Cavalcanti. *Profissão Artista: Pintoras e Escultoras Acadêmicas Brasileiras*. São Paulo: Edusp, 2008.

STRAUSS, Jack. *História da indústria e comércio do mobiliário no Brasil – os pioneiros*. São Paulo: Moveleiro, 1990.

TAFURI, Manfredo. "Arquitetura e historiografia. Uma proposta de método". Em *Desígnio. Dossiê: História, Historiografias, Historiadores*, 2011, p. 24.

TOUCEDA, Adriana M. I. *Da Califórnia a São Paulo. Referências norte-americanas na casa moderna paulista 1945-1960*. Tese de doutorado. São Paulo: FAU-USP, 2005.

VASCONCELLOS, Marcelo; BRAGA, Maria Lúcia (org.). *Móvel moderno brasileiro*. Rio de Janeiro: Aeroplano, 2012.

WRIGHT, Gwendolyn. *Building the dream: a history of social housing in America*. Cambridge: MIT Press, 1983, 2001.

_____. *Women in modernism*. Disponível em http://bwaf.org/wp-content/uploads/2011/01/WRIGHT-WomenInModernism.pdf. Acesso em 2-2-2014.

WURZMANN, Martin. Entrevista concedida à autora. São Paulo, 5 dez. 2012. Gravação digital (72 min).

TEXTOS NÃO PUBLICADOS

HAUNER, Ernesto. *Ernesto Hauner*. São Paulo, *c.* 1968.

Texto de três páginas provavelmente elaborado como rascunho para as respostas dadas à entrevista feita pela revista *Arquitetura*, tratando do cenário produtivo de mobiliário no Brasil, das matérias-primas e das perspectivas de exportação.

_____. *Prêt-à-Porter*. São Paulo, *c.* 1971.

Texto de uma página com rascunho do texto de lançamento da linha Prêt-à-Porter.

_____. *Mobilinea*. São Paulo, *c.* 1971.

Texto de duas páginas provavelmente elaborado como rascunho para as respostas dadas à entrevista feita pela revista *Casa & Jardim*, apresentando o perfil de Ernesto Hauner e da Mobilinea.

_____. *Resumé*. Vancouver, *c.* 1975.

Texto de três páginas com currículo, provavelmente elaborado em virtude da mudança para o Canadá.

HAUNER, Georgia. *Curriculum Vitae*. São Paulo, 1971.

Texto de duas páginas com breve biografia.

_____. *Sugestões para o novo centro comercial na 9 de Julho*. São Paulo, 7/8/1972.

Texto de cinco páginas com sugestões para conceituação da Home Store. Trata do tipo de produto a ser comercializado, como poderiam ser expostos e qual seria o papel da loja e dos vendedores no auxílio ao planejamento dos interiores das casas dos clientes.

_____. *Sugestão adicional para o novo centro comercial na 9 de Julho*. São Paulo, 19/08/1972.

Texto de duas páginas sugerindo o que viria a ser a "Casa da Vera" na Home Store.

_____. *Memorandum Ref. Obra da loja na 9 de Julho*. São Paulo, 23/10/1972.

Texto de uma página tratando de questões de ventilação e fachada durante a obra de reforma do espaço que a Home Store viria a ocupar.

_____. *Esclarecimento sobre o projeto da loja na av. 9 de Julho*. São Paulo, 28/11/1972.

Texto de sete páginas sobre o público esperado para a Home Store, questionamentos sobre como tornar a fachada convidativa e uma descrição detalhada de como seriam os espaços internos da loja e o percurso a ser feito pelos clientes ao caminhar por ela.

_____. *Ref: Floricultura na nova loja – av. 9 de Julho*. São Paulo, 30/11/1972.

Texto de uma página com instruções sobre o tipo de planta a ser vendida e sua apresentação na floricultura da Home Store.

_____. *Distribuição do espaço na loja 9 de Julho*. São Paulo, 7/12/1972.

Texto de três páginas com metragem quadrada de cada área da Home Store.

_____. *Ref: Situação da obra na loja nova na av. 9 de Julho*. São Paulo, 25/2/1973.

Texto de três páginas dirigido à diretoria da Mobilinea com questionamentos sobre problemas na obra da Home Store.

_____. *Relatório sobre o andamento da Home Store*. São Paulo, 6/11/1973.

Texto de uma página solicitando informações sobre a listagem completa de marcas presentes na Home Store para produção de material publicitário adequado.

_____. *Memoir*. Vancouver, 2010.

Texto de dezoito páginas escrito previamente a contatos de pesquisadores, em que Georgia iniciava suas memórias. Aborda sua infância até a emigração da família em 1946.

_____. *Texto de Georgia Hauner*. Vancouver, 2010.

Texto de duas páginas que trata de sua formação, o trabalho na Artesanal, o fim da empresa e o início da Mobilinea.

_____. *Artesanato*. Vancouver, 2011.

Texto de uma página, escrito em resposta à pesquisadora Dra. Marinês dos Santos, em que fala sobre os objetos artesanais que fez para as fotos de revistas e espaços comerciais.

_____. *Ernesto Hauner – brief resumé*. Vancouver, 2011.

Texto de duas páginas com o currículo de Ernesto Hauner, escrito a partir de texto elaborado pelo próprio em 1975, posteriormente localizado no acervo pessoal da família Hauner.

_____. *Mizu*. Vancouver, 2011.

Carta de cinco páginas para uma pessoa identificada como Mizu. Nele, trata de forma resumida de toda a sua trajetória profissional, mas com foco na Interstyle, empresa de revestimentos que fundaram após imigrar para Vancouver.

_____. *Mobilinea*. Vancouver, 2011.

Texto de quatro páginas sobre a história da Mobilinea escrito a partir de texto produzido para a exposição "Os Modernos Brasileiros + 1".

_____. *Revistas*. Vancouver, 2011.

Texto de duas páginas escrito para a pesquisadora Dra. Marinês dos Santos com comentários sobre alguns trabalhos realizados para a Editora Abril, considerados os mais importantes por Georgia.

_____. *Showrooms, fotografias, artesanato*. Vancouver, 2011.

Texto de quatro páginas sobre o trabalho de Georgia nas lojas, citando influências, o processo de criação da loja do Iguatemi, da Galeria Zarvos e Home Store.

_____. *Segunda parte de respostas*. Vancouver, 2012.

Texto de onze páginas escrito para a pesquisadora Dra. Marinês dos Santos, que apresenta uma linha do tempo de seu trabalho no Brasil, falando sobre o trabalho na Mobilinea e principalmente na Editora Abril. É feita uma explicação específica de algumas propagandas e editoriais.

_____. *Carta para Mina*. Vancouver, 2013.

Texto de uma página que fala das influências internacionais no trabalho de Georgia e a imagem criada pela Mobilinea como um projeto total.

_____. *Respostas sobre a Mobilinea*. Vancouver, 2013.

Texto de três páginas que responde a alguns questionamentos feitos acerca de suas influências, as linhas e lojas da Mobilinea, informações sobre as tentativas de exportação, a decisão de sair do Brasil e a prisão de John de Souza.

_____. *Mobilinea – Updated March 2014*. Vancouver, 2014.

Texto de onze páginas produzido como resposta ao artigo "Mobilinea and the Promotion of Modern Living in Brazil: a Study of ads in Casa & Jardim Magazine" por mim escrito. Baseado em seu outro texto "Mobilinea", de 2011.

_____. *Recordações*. Vancouver, 2014.

Texto de duas páginas com informações sobre as técnicas de representação e desenho de projetos de ambientes da Artesanal à Home Store.

_____. *Mobilinea – the good times*. Vancouver, 2014.

Texto de quarenta e quatro páginas produzido a partir de seus textos anteriores e informações trocadas nas entrevistas, além de conteúdo inédito. Apresenta a trajetória pessoal de Ernesto e Georgia Hauner, a experiência de ambos na Artesanal, o surgimento e desenvolvimento da Mobilinea, suas concepções sobre design de interiores, sua experiência na Editora Abril, anedotas e encontros durante o período em que estiveram no Brasil e reflexões atuais sobre os eventos descritos, com um epílogo sobre a vida no Canadá.

SOUZA, John de. *Nova firma de comercialização de móveis e complementos para o lar*. São Paulo, c. 1972.

Texto de quatro páginas conceituando, justificando e promovendo a Home Store, provavelmente criado para apresentar aos futuros parceiros comerciais da Mobilinea no empreendimento.

_____. *Loja Nove de Julho*. São Paulo, c. 1972.

Texto de sete páginas explicando os modelos de parceria comercial da Home Store com uma listagem do tipo de produto que gostariam de ter à venda, as lojas que gostariam de convidar e as pessoas na Mobilinea responsáveis pelo contato com cada uma delas.

SOBRE A AUTORA

Mina Warchavchik Hugerth é arquiteta formada pela Associação Escola da Cidade, em 2009; mestra em história e fundamentos da arquitetura e do urbanismo pela Faculdade de Arquitetura e Urbanismo da Universidade de São Paulo (FAU-USP), em 2015; e mestranda em história do design e estudos curatoriais pela Parsons School of Design e Cooper Hewitt, Smithsonian Design Museum em Nova York. Escreveu capítulos para os livros *Histórias do design no Brasil II* (2014), *Mobiliário moderno: das pequenas fábricas ao projeto da UnB* (2014), *Michel Arnoult: design e utopia – móveis em série para todos* (2016), *Domesticidade, gênero e cultura material* (2017) e *Marcenaria Baraúna: móvel como arquitetura* (2017), este último também organizado pela autora.

ÍNDICE ONOMÁSTICO

III Feira Internacional do Mobiliário, 81
8º Feira Internacional de Utensílio e Serviços de Escritório (Fuse), 81, 183

A

Alex Linder, 109, 113, 142
Ambiente, 37, 48, 71, 72, 81
Arnoult, Michel, 13, 37, 72, 74, 75, 78, 79, 161, 182, 257
Arquiteto, 181, 182, 199
Arquitetura, 63, 90, 181, 182, 199
Arredamento, 71, 81, 149, 160, 190, 193, 200, 212, 213, 232
Associação Brasileira de Design Industrial (ABDI), 78, 79, 80, 82

B

Bardi, Lina Bo, 15, 34, 39, 41, 42
Bardi, Pietro Maria, 33, 39, 41, 193
Barros, Geraldo de, 38-39, 75, 79
Becker, Paulo, 37, 57, 134, 160, 212
Bienal Internacional do Rio de Janeiro, 15, 79, 80, 96, 100, 107, 183, 233

Branco & Preto, 35, 37
Butcher, Bibita (Maria Beatriz), 20, 61, 66, 77, 102, 112, 115, 138, 187

C

C. J. Arquitetura, 173, 175, 181, 182, 199
"C. J. Visita", projeto da Revista *Casa & Jardim*, 65, 73, 76, 98, 99, 100, 103,189, 190, 206, 208, 209, 210, 214, 237, 238
Cadeira, 101, 183
Cadeira Dinamarquesa, 72, 94, 113, 142
Carrera, Celso Martinez, 25, 26
Carvalho, Marcelino de, 196
Casa & Jardim, 29, 53, 58, 62, 65, 73, 76, 79, 86, 87, 92, 93, 98, 100, 102, 103, 120, 132, 137, 142-143-145, 177, 181, 188, 189-191, 196, 197, 198, 199, 200-201, 202, 203, 204, 206, 208, 209, 210, 232, 233, 234-235, 236, 238, 240, 244
Casa de Claudia, promoção da Editora Abril, 74, 108, 188, 192, 193, 210, 211, 213, 214, 216, 221-222, 226
Cauduro, João Carlos, 78, 79, 80
Celina Decorações, 190, 200, 202, 232

Chica, Wilson, 61, 66, 132, 239
Claudia, 74, 199, 202, 203, 211, 223, 230, 233, 239, 244
    A Casa Claudia, 169
    Casa Claudia, 107, 192, 196, 225
    Casa de Claudia, 188, 192, 199, 214, 216
    Claudia Beleza, 192
    Claudia Cozinha, 188, 192, 199
    Claudia Decoração, 94, 140, 188, 192, 194, 196, 199, 204, 223, 229
    Claudia Moda, 192
    Claudia Moda & Beleza, 192
    Claudia Noiva, 75, 188, 192, 199, 202
    Ele & Claudia, 188, 192, 199
Construhab, 148, 149, 153
Corrêa, Tomaz Souto, 59, 75, 192

D

Desfile, 172, 173, 188, 198, 199
Duke Lee, Wesley, 38, 57, 75
Duraplac, 88, 95, 96
Duratex, 32, 88
Duschenes, Herbert, 42, 48, 233
Duschenes, Silvia, 233

E

Editora Abril, 16, 18, 77, 94, 183, 191, 193-194, 199, 210, 215, 225
Eisler, Martin, 15, 20, 42, 46, 69, 182
Eisler, Matias, 20
Ernesto Hauner Decorações (E.H.D.), 23, 50, 52, 84, 85, 113-114, 178, 189
Escritório Atual, 81, 181, 183, 185, 199
Eucat Expo, 80
Eucatex, 32, 80
Exame, 183, 199

F

Fábrica de Móveis Carrera, 25
Feira Nacional de Utilidades Domésticas – UD, 78
Forma, 48, 69, 71, 117, 149, 190
Formaespaço, 148, 149, 152, 153
Formatex, 112

G

Galeria Artesanal, 43, 47
Galeria Casa & Jardim, 28
Galeria Mobilinea, 118, 134, 142, 179, 189
Galeria Oca, 14, 48, 51, 69-71, 77, 149, 182
GAM – *Galeria de Arte Moderna*, 96, 181, 184, 199
Gerdau, 24, 94, 190
Gomide, Regina, 27
Gradiente, 143, 145
Graz, John, 27, 28

H

H. Cerâmica, 42, 48, 217
Hauner, Ada, 40, 51, 61, 66, 114, 119, 139, 168, 239
Hauner, Carlo, 15, 40, 41, 42, 43, 48, 51, 69, 70
Hauner, Ernesto, 15, 17, 23, 40, 41, 42, 43, 48, 50, 51, 79, 80, 82, 83, 84, 85, 87, 93, 95, 96, 98, 102, 103, 107, 118, 142, 154, 190, 198, 199, 214, 243, 245
Hauner, Georgia, 16, 17, 18, 20, 21, 23, 49, 50, 54, 55, 57, 59, 63, 67, 74, 75, 91, 94, 97, 101, 104, 105, 106, 107, 109-111, 112, 115, 116, 118, 121, 122-131, 132, 133-134, 135, 136, 140, 143, 147, 151-152, 154, 155, 158, 163, 165, 167, 168, 170-172, 174, 177, 178, 186, 190, 192, 194, 195, 196, 198, 199, 204, 205, 210, 211, 214, 215, 216-217, 228, 233, 239, 240, 242, 243, 245

H

Heuberger, Theodor, 28
Hobjeto, 14, 38, 39, 66, 74, 75, 76, 77, 79, 81, 190, 194, 200
Home Store, 16, 20, 37, 38, 65-66, 71, 72, 75, 84, 108, 109, 112, 114, 120, 139, 140, 143, 154, 155, 158, 159, 160, 163, 165, 167, 168-175, 182, 191, 198, 199, 216, 217, 225, 228, 230

I

Indústria Cama Patente L. Liscio S. A., 25, 26, 77
Indústria de Móveis Cimo S. A., 25, 26, 27, 37, 39, 81, 190
Indústria e Desenvolvimento, 181, 182, 199

J

Joia, 52, 94, 188, 198, 199

K

Kornbluh, Jorge, 20, 51, 113
KX Mobilinea, 64, 137

L

L'Atelier Móveis e Decorações, 38, 71, 72, 182
Leite, Plínio de Cerqueira, 60, 103, 104

M

Magyary, Judit, 20, 61, 66, 68, 102, 115, 118, 119, 133, 168, 180, 187
Mais, 188, 198, 199
Martino, Ludovico, 79, 80
Matsushita, 146
Mobília Contemporânea, 10, 37, 71, 72, 73, 74-75, 77, 81, 86, 91, 148, 149, 158, 182, 190, 193-194, 205, 212, 213

Mobilinha, 77, 94-95, 97, 113, 194, 207, 212, 214
Morpurgo, Georgia, ver Hauner, Georgia
Móveis Artesanal, 20, 23, 29, 41, 42, 50, 69, 84
Móveis Thonet, 24, 25, 94, 113, 142, 200, 207, 212, 232
Museu de Arte de São Paulo (Masp), 33, 34, 39, 41, 42, 79, 100, 193, 194, 237

P

Peg-Lev, 72, 74, 91
Pierre, Yone Koseki, 20, 60, 66, 96, 103, 114, 115, 121, 140, 158, 239
Prêt-à-Porter, 62, 65, 103, 107, 108, 113, 139, 143, 147, 153, 180, 190, 196, 200
Probjeto, 37, 72, 81, 94, 158, 161, 173, 193, 205, 212, 217
Projeto & Construção, 62, 100, 101, 181, 182, 199, 227

R

Realidade, 183, 188, 199, 214, 215, 219, 220
Rodrigues, Sérgio, 9, 15, 20, 41, 42-43, 46, 48, 51, 57, 69-70, 79, 85, 86, 225
Rudofsky, Bernard, 29
Ruth Decorações, 81, 161, 212

S

Seincman, Leo, 37, 72, 78
Series 7, 72, 94, 113, 142
Shopping Iguatemi, 20, 55, 56, 60, 61, 99, 100, 102, 106, 115, 118, 120, 122-131, 132, 133-134, 136, 137, 138, 140, 143, 158, 168, 179, 189, 190, 198, 216, 226, 238
Souza, John Manoel de, 15, 18, 51, 64, 114, 118, 135, 154, 156, 179
Studio de Arte Palma, 29, 39, 41, 84
Stupakoff, Otto, 57, 69

T

Tenreiro, Joaquim, 35, 36, 77, 225
Thonart, 24
Thonet, Michael, 24
Time – Latin American Edition, 183, 186, 199, 201, 202

V

Veja, 183, 186, 199, 204
Vidrobrás, 142-143, 144
Visão, 183, 186, 187, 199
Vogue, 57

W

Warchavchik, Gregori, 27, 28, 31
Warchavchik, MinaKlabin, 28
Wurzmann, Martin, 20, 42

Z

Zalszupin, Jorge, 38, 80, 88
Zalzupin, Leopoldo, 38
Zipperer, Jorge, 27
Zipperer, Martin, 27

CRÉDITOS

Acervo Abril Comunicações S. A.: figs. 16; 29; 80; 83-91 • Acervo Editora Globo S. A./ Agência O Globo: figs. 12; 14-15; 18-20; 24-25; 50-51; 69; 76; 78-79; 81-82; 92-95 • Acervo Família Warchavchik: figs. 4-5 • Acervo Georgia Hauner: figs.: 8; 9 (capa); 10-11; 21-23; 26-28; 30-32; 34-48; 52-53; 55-64; 66; 68 • Acervo Instituto Sergio Rodrigues: fig. 13 • Acervo M. Angélica Santi: fig. 3 • Acervo Museu da Casa Brasileira: figs. 1-2 • Cals, Soraia. *Tenreiro*, 1998: fig. 6 • Acervo Estadão Conteúdo: figs. 17; 70-71 • Grupo DCI Shopping News: fig. 74 • Grupo RBA, Barcelona: fig. 75 • Revista *AD Arquitetura e Decoração*: fig. 7 • Revista *Desfile* – suplemento de decoração: Figs. 65; 67 • Revista *Escritório Atual*: Fig. 73 • Revista *GAM – Galeria de Arte Moderna*: Fig. 72.

Observação: Todos os esforços foram feitos pela editora a fim de localizar os detentores dos direitos autorais relativos às imagens publicadas e dar os devidos créditos a elas. A quem detiver informações complementares ou correções pedimos encarecidamente que entre em contato para corrigirmos os itens em questão na próxima edição.